Becky Freeman

„Mama, ich hab' die Katze getauft!"

Glaubhafte Geschichten
aus dem unglaublichen Alltag
einer Allroundmutter

BRUNNEN
VERLAG GIESSEN · BASEL

Becky Freeman, verheiratet mit Scott und als Mutter von vier Kindern auf jede Überraschung gefasst. Becky Freeman ist Referentin und Autorin zahlreicher Bücher. Im Brunnen Verlag erschien von ihr: „Wie Schokoeis und Peperoni".

Titel der amerikanischen Originalausgabe:
Peanut Butter Kisses and Mud Pie Hugs.

Übersetzung aus dem Amerikanischen: Angela Klein-Esselborn
Lektorat: Renate Hübsch

Bibelzitate erfolgen i.d.R. nach der Übersetzung: Hoffnung für alle.

Übersetzung: Brunnen-Verlag Basel und Gießen.

www.brunnen-verlag.de
Umschlagfoto: Getty Images
Umschlaggestaltung: Ralf Simon
Satz: DTP Brunnen
Herstellung: St.-Johannis-Druckerei, Lahr
ISBN 3-7655-1298-2

Inhalt

Teil I

Ein Kind erblickt das Licht der Welt

(und ich das Ende meiner Freiheit?)

1
Empfänglich für pure Unvernunft

Ich habe mich oft gefragt, warum Dean und Heather, zwei unserer engsten Freunde, uns immer noch zu sich einluden. Ihr friedvolles Heim war nicht bevölkert von Kleinkindern, ihr Lebensstil war geprägt von Freiheit und heiterer Gelassenheit. Sechs Jahre lang bin ich als Dauerschwangere in ihr unbeflecktes Haus gewatschelt, immer mindestens einen unsicher tapsenden Säugling und/oder einen quirligen, unberechenbaren Dreijährigen an der Hand. Jedes Mal, wenn ich dachte, für mich sei nun das Ende der Gebärphase gekommen, lief, so schien mir, das Farbfeld dunkel an – und ich wurde bleich. Zumindest zeitweilig. Nachdem sie die wahren Gegebenheiten des Elterndaseins aus der Nähe und mit persönlicher Beteiligung beobachtet hatten, beschlossen Dean und Heather ein für alle Mal, keine Kinder zu bekommen, und das war sozusagen ihr letztes Wort.

Und doch schien es, als habe Heather einen Narren an uns gefressen. Sie löcherte mich immer mit Fragen, wie ein Reporter, der Informationen über einen bisher unerforschten Eingeborenenstamm sammelt. Anscheinend fand sie es absolut faszinierend, dass ich mitten im größten Durcheinander mit vier Kleinkindern überlebte und gelegentlich – oder sogar *häufig* – noch lächeln konnte.

Dean und Heather waren die perfekten Yuppie-Gastgeber: Sie standen gemeinsam in der Küche, Seite an Seite, und brachten das tollste Essen auf den Tisch. Und war unsere Brut erst in Schlaf versunken, genossen Scott und ich die sanfte Hintergrundmusik aus der natürlich absolut modernsten Stereoanlage und unsere Unterhaltung, die nicht ständig unterbrochenen wurde und ach-so-erwachsen war. Seltsamerweise glitt sie sehr häufig ab zu der schwergewichtigen Frage: „Gibt es gute

Gründe und wann ist die beste Zeit, wenn überhaupt, ein Kind zu bekommen?“

Ich hatte Mühe, ihre Frage zu beantworten, denn wie sagt die Volksweisheit: „Wer sich für ein Kind entscheidet, willigt damit ein, dass sein Herz für immer außerhalb des Körpers umherwandelt.“[1] Und doch – irgendwie wird das Herz auf diese Weise größer und weiter. Kinder verleihen unserem Leben Tiefgang. Wie diese Zauberbilder wirken sie eindimensional, bis man näher herangeht, schielt und feststellt, dass viel mehr darin ist, als man sich je vorstellen konnte. Kinder geben allem, was wir tun und sehen, Form, Farbe und Struktur. Weihnachten wird zum Erlebnis reinster Freude, wenn ein Kind in Stoppersocken und rutschender Schlafanzughose erwartungsvoll ins Wohnzimmer huscht. Ein Ausflug in den Zoo, ohne Kinder verpönt, wird so spannend wie eine Afrika-Safari. Kinder vergrößern unsere Fähigkeit zur Freude.

Kinder sind, glaube ich, auch eines der besten Mittel gegen die Selbstbezogenheit, die uns anhaftet und uns plagt, und eine deutliche Antwort auf die Frage: „Könnte ich wirklich mein *Leben* für jemanden hingeben?“ Unsere Liebe zu unseren Kindern hebt uns manchmal dahin empor, wohin wir als Menschen gehören: in die Welt der bedingungslosen Liebe. Sie gewährt uns Einblicke in die Liebe des Himmels.

Bevor wir aber allzu sentimental werden: Elternschaft kann eine besonnene, ruhige Frau in eine tobende Furie verwandeln und zu einem emotionalen Wrack machen – durch die chinesische Folter ganz einfacher anhaltender Schlaflosigkeit oder das sirenenartige Heulen eines Kleinkinds.

Kürzlich hörte ich die folgende Geschichte von zwei Freundinnen, die sich zum Essen trafen. Die eine: beglaubigte Mutter. Die andere: wirft gerade mal von ihrem sicheren Platz auf der Karriereseite des Fensters namens Frausein einen interessierten Blick auf die Realität des Mutterseins. Die Mutter bemüht sich zu erklären, was geschähe, sollte ihre Freundin die Pille wegwerfen und sich Schwangerschaftstests kaufen, und sie spricht damit für zahllose erfahrene und bewährte Mütter auf der ganzen Welt:

Ich möchte ihr etwas sagen, was sie in keinem Geburtsvorbereitungskurs lernen wird: Dass die körperlichen Wunden des Kinderkriegens heilen werden, doch dass sie als Mutter eine emotionale Wunde davontragen wird, die so sensibel ist, dass sie für immer verwundbar bleibt.

Ich könnte sie warnen, dass sie nie wieder eine Zeitung aufschlagen wird, ohne sich zu fragen: „Und wenn das jetzt MEIN Kind wäre?"

Ich schaue auf ihre sorgfältig gepflegten Hände, ihr elegantes Kostüm und denke: Sie mag so kultiviert und anspruchsvoll sein, wie sie will - Mutter zu werden wird in ihr die primitive Ebene einer Bärin zum Vorschein bringen, die ihr Junges beschützt.

Ich denke, ich sollte sie warnen: Egal wie viele Jahre sie in ihre Karriere gesteckt hat – wenn sie Mutter wird, wird sie beruflich aus dem Gleis geraten. Eines Tages wird sie zu einer wichtigen Besprechung gehen – und daran denken, wie wunderbar ihr Baby duftet.

Ich betrachte mir meine attraktive Freundin und möchte ihr versichern, dass sie ihre Schwangerschaftspfunde schließlich loswird, aber sie wird sich nie mehr so fühlen wie vorher; dass ihr Leben, das ihr jetzt so wichtig ist, an Bedeutung verliert, wenn sie erst ein Kind hat.

Dass sie beginnen wird, sich ein langes Leben zu wünschen – nicht um ihre eigenen Träume zu verwirklichen, sondern um mitzuerleben, wie ihre Kinder die ihren verwirklichen.

Ich möchte ihr beschreiben können, welches Glück einen erfüllt, wenn das Kind Radfahren lernt. Ich möchte für sie das glucksende Lachen eines Babys einfangen, das zum ersten Mal spürt, wie flauschig und weich sich das Fell einer Katze oder eines Hundes anfühlt. Ich möchte, dass sie die Freude schmeckt, die so wirklich ist, dass es regelrecht wehtut.

Durch den seltsam forschenden Blick meiner Freundin merke ich, dass mir Tränen in die Augen getreten sind.

„Du wirst es nie bereuen", sage ich schließlich.

Und genau das, vielleicht nur nicht so ausgefeilt, habe ich schließlich zu Heather gesagt – und hinzugefügt, dass sich diese Entscheidung jeglicher Vernunft widersetzt. Sie müsste nur ihre Augen schließen, sich die Nase zuhalten und hineinspringen. Das Wasser wäre erträglich, sobald der erste Schrecken nachgelassen hätte.

Sechs Jahre nach unserer letzten „Sollen wir oder sollen wir nicht"-Diskussion haben wir mit Dean und Heather Urlaub an der See gemacht. Die Dinge hatten sich ganz klar gewandelt. Es gab kaum noch ruhige Momente, in denen man gourmethaft schlemmen und über das Leben nachsinnen konnte. Eigentlich, glaube ich, konnten wir nicht einen einzigen Augenblick entspannt plaudern, und zu essen gab es ausschließlich Mahlzeiten, die sich in der Mikrowelle zaubern ließen. Dennoch gab es jede Menge Lachen und Enttäuschung und Lärm und Unordnung und solcherlei Freude, wie sie nur kleine Kinder in einen Urlaub am Strand bringen können.

Als Dean, Heather, Scott und ich die Holztreppen hinuntergingen und es mit einem Strandspaziergang versuchen wollten, kamen wir an einem winzigen gepunkteten Badeanzug mit grellpinken Rüschen vorbei, der fein säuberlich über dem Geländer hing. Die kleine Besitzerin des Badeanzugs hielt uns schon bald auf, plapperte ganz aufgeregt und zeigte auf einen Eimer voll wuselnder Sandkrabben. Ihr kleiner Bruder wackelte mit Windelpaket in der Badehose hinter uns her, ahmte die Gefühlsregungen seiner großen Schwester nach und unterstrich seinen Vortrag über die „tollen Sandtrappen" mit einem gelegentlichen Quietscher purer Freude.

Wir blieben stehen, drehten uns um und bewunderten mit „Oohs" und „Aahs" die Schätze, die Nicole und Klein-Scotty (benannt nach meinem Scott) im Meer gefunden hatten. Heather beugte sich zu Scotty hinab, wuschelte Sand aus seinem flachsblonden Schopf und legte einen Arm um Nicoles gebräunte Schultern.

„Hast du es je bereut?", fragte ich, schaute Heather an und zwinkerte ihr zu.

„Niemals", antwortete sie. Ich blickte dieser Mutter in die Augen, wie sie da stand, sich von einer Meeresbrise die Haare zerzausen ließ, und ganz offensichtlich in Staunen über diese Schöpfung und Geschöpfe wie ihre eigenen Sprösslinge versunken war– und ich wusste: Ich hätte sie nicht zu fragen brauchen.

Kinder sind ein Geschenk des Herrn.

Psalm 127,3

**Wenn du die Liebe von Eltern verstehen willst:
Bekomm ein Kind.**

Japanisches Sprichwort

Das Mädchen, das ich einst war

Mein Gast kam spät, ich saß allein und sah
das Mädchen, das ich einmal war.

Sie sah mich an mit ernstem Blick
und fragte vorwurfsvoll mich:
„Sag, hast du denn ganz vergessen, was ich
mir erträumt und erhoffte für dich?

Die steile Karriere, Erfolg und Ruhm,
all das Große, das möglich schien?
Das Landhaus mit Garten und Rosenweg,
wo sind diese Ziele hin?

Die Seidenkleider, die ich dir erträumt,
die Juwelen in deinem Haar?“

Ich wurde traurig, als sie so sprach,
denn gefallen wollt ich ihr ja …
diesem Mädchen, das ich einst war.

Ich erhob mich sachte und führte sie
an der Hand in den anderen Raum,
wo die Kinder schliefen, friedlich und tief
und glücklich lächelnd im Traum.

Hier ist mein Geschmeide, sagte ich ihr,
und hier mein kostbarer Schatz.
Mein Seidengewand ist es, Mutter zu sein,
und es steht mir an meinem Platz.

Diese Liebe, sie ist mein Rosen-Landhaus,
und mein größter Karrieretraum
ist es, Tag für Tag mütterlich sorgend hier
an dieser Liebe zu bauen.

Und während ich spreche zu meinem Gast,
lächelt sie, durch Tränen zwar.
Und die Frau, die ich jetzt bin, hat zufrieden erfasst:
Ja, ich bin, die ich einmal war.

Verfasser unbekannt

2
Kunstpause: Schwangerschaft

Folgende Geschichte habe ich frei erfunden, aber vielleicht erkennen Sie sich ein Stück weit in Lilly. Ich mich auf jeden Fall.

Erste Schwangerschaft

Erster Monat:
Sie kann es nicht fassen. Lilly starrt auf die Testergebnisse und hält sie wieder und wieder an die Pappschachtel mit den Vergleichsfarben, um sich zu vergewissern, dass die übereinstimmenden Farben bedeuten: „Ja, Sie sind absolut, tatsächlich, ganz sicher schwanger." Sie kann ihren neuen Mitbewohner zwar noch nicht fühlen oder sehen, bemüht sich aber zu kapieren, dass sie keine Ein-Körper-Einheit mehr ist. Sie existiert jetzt nämlich, nun, im Doppelpack.

Ein Baby, ein Wunder in Fingerhutgröße, das einer Feldbohne erstaunlich ähnlich sieht, ist zu einer neun Monate langen Reise eingestiegen. Lilly steht im Supermarkt an der Kassenschlange und muss sich schon sehr zusammenreißen, um nicht den nächstbesten wildfremden Menschen zu fragen, ob er nicht bemerkt habe, wie sie leuchtet.

Warum nur bemerkt niemand die erstaunliche Wandlung, die mit ihr vorgegangen ist – buchstäblich über Nacht? Lilly ist nicht mehr nur Frau, Ehefrau, Studentin, Kollegin. Sie ist der Gesellschaft der Lebensspenderinnen beigetreten. Die Ungeheuerlichkeit dieses Gedankens füllt sie mit unaussprechlicher Freude, sodass sie mit dem Postboten Walzer tanzen möchte, sodass sie ... sodass sie ... sich übergeben möchte. Was sie auch tut. Morgen für Morgen.

Zweiter Monat:
Sechs Wochen Übelkeit haben die unaussprechliche Freude ein wenig gedämpft. Lilly kann sich nur mit Mühe erinnern, warum sie so unbekümmert in das kalte Wasser des Mutterwerdens gesprungen ist, und ist öfter als einmal versucht, ihren Mann zu erwürgen, der sie da hineingeschubst hat. Wie kann irgendetwas, so wundervoll es auch sein mag, es wert sein, dass sich ihr Stunde um Stunde der Magen umdreht?

Sie kommt an einem Spiegel vorbei und wünscht sich verzweifelt, sie hätte sich nicht darauf eingelassen. Wie kann sie nach so kurzer Zeit so alt aussehen wie Inge Meisel? Schlaf – sie braucht mehr Schlaf. Sechzehn Stunden am Tag dösen bringt's einfach nicht.

Dritter Monat:
Endlich kann Lilly es kommen sehen – (Tusch bitte): das Glückliche Zweite Drittel! Wurde aber auch Zeit. Es geht bergauf, manchmal auch nicht, und sie, die glückliche angehende Mama, geht sich Umstandskleidung kaufen. In der Boutique „Mami ist die Beste“ probiert sie mehrere zeltartige Pullover an, die sie alle wie eine große Nachbildung von Shirley Temple aussehen lassen. Sie prustet beinahe vor Lachen, wie die Umstandshosen an ihrer kaum ausgedehnten Taille schlottern. Der enorme Textilüberschuss, der an ihr herabhängt, verleiht ihr das ach so schicke Aussehen eines Kängurus. Na und? Sie ist im Hopsassa Glücklichen Zweiten Drittel.

Lilly steckt die Hosen mit Windelklammern fest (die sie für alle Fälle schon einmal im Kinderladen „Doppelpünktchen“ gekauft hat). Dann wirft sie noch ein grellpinkes T-Shirt über das Sammelsurium, bezahlt ihre neuen Sachen und geht mit ihren Mädels italienisch essen. Magnifico!

Nach dem Essen, auf dem Heimweg, lockert sie die Windelklammern, um etwas Platz zu schaffen für das Baby und die Lasagne und die Manicotti und Ravioli und Spaghetti mit Fleischbällchen und, ach du liebe Zeit, und Spumoni.

„Grazie, Signore, für alles Schöne, Helle und was mit Mozzarella überhäuft ist“, betet Lilly mit einem abgehackten italienischen Akzent. Sie stellt fest, dass sie sogar jetzt, allein im Auto, nicht aufhören kann zu lächeln. Jemand im Restaurant sagte ihr, sie strahle aber, und in ihrer Seele ging ein Freudenfeuerwerk los.

Vierter Monat:
Heute, als im Haus alles ruhig war, setzte sie sich auf die Wohnzimmercouch, nahm ein Buch zur Hand, als irgendetwas – nein, *irgendjemand* – rumpelte. Erst dachte Lilly: *Nie wieder Fleischbällchen!*, doch dann merkte sie, dass es kein normales Bauchgrummeln war. Das war Babygrummeln – nein, Babytummeln! In der Turnhalle in ihrem Bauch betreibt wirklich jemand Aerobic.

Sie möchte unheimlich gern sehen, wie ihr Nachwuchs aussieht, was an ihm gerade wächst. Wird er große Ohren haben oder lockiges rotes Haar oder einen krummen kleinen Finger? Sie fühlt sich wie eine Willy-Wonka-Schwangerschafts-Fabrik[2], in der wundersame, geheime Dinge gluckern und blubbern und geschaffen werden. Der Wunsch, das Endprodukt zu sehen, ist fast schon zu spannend.

Im Ultraschall erhaschen die schwangeren Eltern einen verschwommenen schwarz-weißen Blick auf ihr kleines Mädchen.

„Wird es ein Mädchen?", schreit Lilly.

„Es wird ein MÄDCHEN!", antwortet ihr Mann und beugt sich vor, um erst den Bauch, der seine Tochter beherbergt, zu küssen und dann die Stirn seiner Frau. Lilly erzählt der Arzthelferin, dass ihr Töchterchen niedliche Spitzensöckchen und Schnallenschuhe und rosa Schleifchen und Häubchen und Schürzchen und all die gerüschten, kratzigen, süßen Sachen anbekommen wird, die zu tragen sie sich als kleines Kind strikt geweigert hatte.

Wie werden wir diese unsere reizende Tochter nennen?, überlegt sie und streichelt dabei die Außenhaut des Kokons ihres Kindes.

Fünfter Monat:
Heute ist Lilly mit dem Ausstaffieren des Kinderzimmers fertig geworden. Ganz schöne Arbeit, die perfekte Welt für Nina oder Nicola oder Sarah Louise zu schaffen, wo sie morgens aufwacht und abends in ihr Heiabett geht. An der Wand neben der Wiege sind Tupfer all ihrer Lieblingsfarben. Wenn ihre Tochter am Morgen aufwacht, wird sie eine zitronengelbe Sonne und Zuckerwattebäusche und flockige weiße

Wolken an einem rotkehlcheneiblauen Himmel sehen. Zum Abrunden flattern auch noch violette und orangefarbene Schmetterlinge umher. Die Wirklichkeit schlägt noch früh genug zu – sie wird ihrem Kind einen sicheren und idyllischen Start in einer ungetrübten Kinderwelt bescheren. All die gemalten Tiere, vom dicken Kaninchen bis zu der langsamen, scheuen Schnecke, lächeln zur Wiege hin, als wären sie verzaubert von der künftigen kleinen Feenprinzessin.

Lilly beugt sich vorsichtig zur Seite, schnappt sich mit der einen Hand einen Teddybär vom Teppich und zieht mit der anderen Hand eine weiche neue Decke mit rosa Rosenknospen aus einer Geschenkpackung. Sie wirft die Decke über den Bär, setzt ihn sich auf die Rundung ihres ausladenden Bauches, wobei seine Knopfnase an ihrem Hals liegt, sinkt in den großen Korbschaukelstuhl und... lässt ihrer Fantasie freien Lauf.

Tätschel, tätschel, schaukel. Tätschel, tätschel, schaukel.

Sie singt alle Strophen von „Weißt du, wie viel Sternlein stehen?“, bis sie endlich ihren Mann bemerkt, der mit einem breiten Grinsen in der Tür steht.

Er geht zu ihr und gibt ihr einen „Schatz, ich bin wieder da“-Kuss. Dann erblick er den eingewickelten Bär. „Keine Angst, ich sage dem Leiter der Nervenheilanstalt kein Sterbenswörtchen.“

„Gut“, summt sie sanft-verträumt vor sich hin. „Dann kauft Mami dir vielleicht eine Spottdrossel.“

Sechster Monat:

Lilly entfernt die letzte Klammer von ihrer einst so fülligen Umstandshose. Es macht „pling“, als sie sie in den rosa Plastikbecher mit der Aufschrift „Dies und Das“ fallen lässt. Der einst lächerlich schlaffe Schlüpfer passt jetzt recht gut. Eigentlich sitzt er schon etwas stramm. *Hoffentlich ist Sarah Louise oder Nina ein kleines Dickerchen,* denkt sie, *sonst darf ich nach der Geburt nur noch Slim Fast und Sellerie essen.*

Heute hat Lilly geheult. Saß einfach da und schluchzte wie ein Baby. Wer weiß, sinniert sie, vielleicht weinen Mütter schon mal für ihre Kinder, solange die kleinen Lebewesen noch unter Wasser sind und selber noch keine Töne von sich geben können.

Wenn man sich doch auf so viele Dinge freuen kann, wenn ein Kind doch ein solcher Segen Gottes ist, warum weint sie denn dann?

Weil sie sich fragt, wenn das Baby weiter so schnell wächst, wie um alles in der Welt ein Siebenpfünder dann durch diese winzige Körperöffnung passen soll. Von der Logistik her erscheint es grotesk. Sie erinnert sich an ein altes Stück mit Carol Burnett, wo Carol im besten Jiddisch sagt: „Willst wissen, wie es fühlt sich an, wenn man ein Kind bekommt? Packst du Oberlippe mit Daumen und Zeigefinger. Gut. Ziehst du sie nun über deinen Kopf." Bei dem Gedanken zuckt sie zusammen.

Sie weint, weil sie sich fragt, ob sie jemals wieder einen Gürtel tragen kann, ohne gleich wie der gute alte Weihnachtsmann auszusehen.

Sie weint, weil ihre Füße unter ihr verschwinden; jeden Tag sieht sie etwas weniger von ihren Schuhen. Wenn sie geht, fühlt sich das ganz genau so an, als hätte sie eine Bowling-Kugel verschluckt. Irgendwie hatte sie geglaubt, schwanger zu sein fühle sich an, als habe man lauter Watte oder einen Heliumballon im Bauch. Sie ahnte nichts von dieser unendlichen Schwere. Wenn doch nur jemand anderes ihren Bauch ab und zu mal tragen könnte. Nur zum Luftschöpfen.

Sie weint, weil sie keine drei Schritte tun kann, ohne aufs Klo zu müssen.

Manchmal möchte sich Lilly in der Babywiege zusammenkauern und am Daumen nuckeln, bis sie einschläft und die Brutzeit vorüber ist. Aber wenn sie einschliefe, finge die Kleine mit ihrer Jazzgymnastik an.

Siebter Monat:

Sie legen sich endgültig auf einen Namen fest. Sarah ist es. Sie mögen beide die Art, wie er über die Zunge rollt. Lilly und ihr Mann haben einen Namen gesucht, der sich dann auch noch hübsch anhört, wenn er zur Terrassentür hinaus bis in den Vorgarten gebrüllt wird. „Saaaaaaaaaaa-raaaaaah! Räum jetzt bitte deine Sandkuchen weg und komm zum Essen!" Selbst wenn sie ein Teenager ist, meinen sie, wird dieser Name gut ankommen. „Tut mir Leid, junger Mann, aber Fräulein Sarah, unsere Sarah, wird nämlich mit keinem ausgehen, bevor sie mindestens fünfunddreißig ist."

Lilly kann das Ende ihrer Schwangerschaft an ihrem Monatskalender ablesen, auf dem Babys kopfüber in Bäuchen abgebildet sind. Doch in Wirklichkeit kommen ihr die bevorstehenden Tage wie eine Ewigkeit vor.

Manchmal hat sie Angst, dass jede andere Mutter der Welt ihr Kind nach neun Monaten bekommt, sie aber die einzige seltene Ausnahme ist, die – wie eine Elefantenkuh, so fühlt sie sich nämlich – zwei Jahre lang schwanger sein wird.

Ihre Knöchel haben denn auch die Ausmaße von denen eines Elefantenjungen erreicht und lassen sie wie einen Dickhäuter erscheinen.

Sie geht nicht mehr – sie taumelt schwerfällig wankend.

Fehlt nur noch ein Rüssel und ein Schwanz, schmollt Lilly.

Sie kommt nur noch ans Spülbecken, wenn sie sich rittlings auf einen Hocker setzt, den sie bis zur Arbeitsplatte hochkurbelt, und so Geschirr spült. Wenn sie Auto fährt, kommt Lilly sich vor wie ein Kleinkind, das sich eifrig bemüht, an Lenkrad und Pedale vom Tretauto des großen Bruders zu kommen. Oder wie diese Zeichentrickfiguren aus dem Werbefernsehen mit einem dicken Apfel in der Mitte und strichartigen Armen und Beinen.

Sie versucht, lustige Bücher zu lesen, damit sie sich nicht die Augen aus dem Kopf heult. Wenn sie den Teddybär unter einer Decke in der Wiege liegen sieht, steigt ihre Stimmung vorübergehend schlagartig an, und ebenso, wenn sie zusieht, wie eine kleine Ferse langsam ihre Bahnen über ihren Bauch zieht.

Achter Monat:
Und durchhalten.

Durchhalten mit ihrer schweren Last. Alles von ihren Brüsten bis zum Beckenboden fühlt sich an, als könne es jeden Moment herunterfallen. Alles – Knochen, Baby, Haut – wird in einem Rutsch auf den Boden knallen. *Warum hat noch niemand einen Flaschenzug mit Schlinge erfunden,* fragt sich Lilly, *der von der Decke hängt, oder so einen Infusionsständer auf Rollen, der mir beim Tragen helfen kann?*

Noch immer hält sie durch. Und fest. Sie hält sich an der Bettkante fest, wenn sie die Riesenanstrengung unternimmt, sich umzudrehen, an Treppengeländern und an Sessellehnen – denn sie „ordnen ihren Gang“.

Doch meist versucht sie, ihren Verstand festzuhalten.

An manchen Tagen gelingt es ihr recht gut, an anderen nicht so.

Ich werde immer schwanger bleiben. Da bin ich mir sicher, denkt Lilly. Wenn dies ein Test sein soll, sagt sie zu Gott, um zu sehen, ob sie auch unter dauerhaftem Druck und Schmerzen fröhlich bleiben kann, dann ist sie durchgefallen. Sie bittet ihn, ihr eine „4“ zu geben und zum nächsten Test weiterzugehen.

Neunter Monat:
Wissen Sie was?

Es ist vorbei!

Es war nicht leicht. Vielmehr tat es so weh, dass sie sich zum allerersten Mal eine außerkörperliche Erfahrung gewünscht hätte. *Gott, bitte schick mich nach Australien, nur für ein paar Stunden,* betete sie. *Dann steck mich wieder in diesen Körper, wenn das Baby geschlüpft ist.*

Und dann ... dann kam Sarah.

Spuckend und hustend und schließlich, Gott sei Dank, laut und kräftig schreiend.

Sie wusste nicht, dass das Schreien ihres Kindes sie so stark berühren würde, dass ihr Herz förmlich einen Satz machte.

„Komm her“, säuselt Lilly und streckt die Arme nach diesem Wunderkind aus.

„Hier ist sie“, sagt ihr Mann mit zitternder Stimme und reicht ihr den Säugling, der warm ist und nass und sich in Zeitlupe bewegt.

Sie starren sie an und sind sprachlos. Der junge Vater bricht das Schweigen und sagt: „Ich möchte ihr zum Geburtstag etwas ganz Besonderes kaufen.“

„Ein rosa Spitzenhäubchen?“

„Nein.“ Er lächelt. „Ich frage mich, ob du weißt, wo man gut Spottdrosseln kaufen kann ...“

***

Schon als ich im Verborgenen
Gestalt annahm,
unsichtbar noch,
kunstvoll gebildet
im Leib meiner Mutter,
da war ich dir
dennoch nicht verborgen …
Alle Tage meines Lebens
hast du in dein Buch geschrieben –
noch bevor einer von ihnen begann!

Psalm 139, 15+16

Das einzige Mal,
dass eine Frau sich wünscht,
ein Jahr älter zu sein ist,
wenn sie ein Kind erwartet.

Der Apostel Paulus über Warten und Hoffen und Wachsenlassen

Paulus vergleicht im Römerbrief das Warten auf die endgültige Erlösung mit dem Prozess von Schwangerschaft und Geburt.

Das Warten setzt unsere Würde nicht herab, genausowenig wie es die Würde einer schwangeren Frau beeinträchtigt, die auf die Geburt wartet. Während wir warten, werden wir weiter. Natürlich sehen wir nicht, was das ist, das in uns wächst und uns weitet. Aber je länger wir warten, umso weiter werden wir, und umso freudiger wird unsere Erwartung.
Inzwischen steht uns der Geist Gottes bei, besonders in den Augenblicken, in denen wir des Wartens müde werden. Wenn wir nicht wissen, wie oder was wir beten sollen, spielt das keine Rolle. Er betet in uns und für uns und verwandelt unsere wortlosen Seufzer und unser Stöhnen in Gebet. Er kennt uns weit besser, als wir uns selbst kennen, er kennt uns in unserem Zustand der Erwartung und er hält uns beständig in der Gegenwart Gottes. Deshalb können wir ganz sicher sein, dass jedes kleine Detail unseres Lebens durch die Liebe Gottes zu etwas Gutem verwandelt wird.

Römer 8,24-28 in der Übertragung „The Message"

3
Tage der Schwerstarbeit: Wehe, wehe

Spreche ich mit Becky Freeman?“

„Ja“, antwortete ich am schnurlosen Telefon und bugsierte Daisy, unseren bellenden Hund, zur Tür hinaus.

„Becky, hier spricht Vicki Crumpton. Ich bin Verlegerin und war neulich als Referentin auf diesem Schriftstellerkongress. Sie und Ihre Mutter haben mich anschließend gefragt, ob auf dem christlichen Markt Interesse an humorvollen Familienthemen besteht.“

Mein Herz kletterte mir den Hals hoch bis in die Augäpfel. Ich merkte, wie sie klopften. Eine Verlegerin! Eine echte Verlegerin? Die *mich* anruft??

„Also“, fuhr Vicki fort, „ich habe der Lektoratskonferenz heute eines Ihrer Kapitel vorgelesen – wo Sie schreiben, wie Sie ein Kind zur Welt gebracht haben.“

Ich habe eine Lektoratsversammlung zur Welt gebracht?, dachte ich für den Bruchteil einer Sekunde, bevor ich die ratternden Räder in meinem Hirn wieder auf die richtige Spur brachte.

„Als wir uns wieder einkriegen konnten vor Lachen“, kicherte Vicki, „haben wir beschlossen, ja, es gibt Interesse an humorvollen Familienthemen. Wir hätten Ihr Buch gerne in unserem Frühjahrsprogramm.“

Und so hat das alles begonnen.

Vor sieben Jahren habe ich, ermutigt und unterstützt von meiner schriftstellerisch tätigen Mutter, an einem schmalen Platz in unserem Häuschen unsere verrückten Familiengeschichten getippt. Und jetzt, Jahre später, ermutigt meine Mutter mich noch immer – allerdings überwiegend mit Worten und Gebeten, denn sie hat sich aus der Schriftstellerei zurückgezogen, um sich vielmehr anderen Freuden zu widmen.

Wie Haushalt, Einrichtung, Ernährung, Sport, Gartenarbeit, Tanz, Gemeindearbeit und Freundschaften pflegen. (Ich glaube, ich habe nie erlebt, dass meine Mutter auch nur einen Augenblick Langeweile gehabt hätte. Wenn sie Blumen einpflanzt und zwischendurch mal eben fröhlich einen Braten übergießt, habe ich Papa schon des Öfteren sagen hören: „Ich mag meine Frauen von der schwungvollen Seite.“)

Über die Jahre hat Familie Freeman schließlich ein quasi echtes Haus um und über unsere ursprüngliche Hütte gebaut. (Stellen Sie sich auf den Rest der Geschichte in einem anderen Kapitel ein.) Das Einzige, das sich nicht geändert hat ist, dass es weiterhin verrückte Familiengeschichten gibt, eine nach der anderen. Es ist wie im Alten Testament mit der Witwe und dem Ölkrug, der nie leer wurde. Tag für Tag, Jahr für Jahr sorgt Gott für absonderliches Manna an Geschichten für meine Bücher und Vorträge.

Um der guten alten Zeiten willen hielt ich es für einen guten Einfall, die Geschichte noch einmal zu erzählen, die das Ganze ins Rollen brachte. Die Geschichte, die eine erfüllende Schriftstellerei in Gang setzte und die der Auftakt zu meinem unkonventionellen Debut in die wilde überspannte Welt der Mutterschaft war.

***

Damals, in den späten Siebzigern, war das Motto der jungen und idealistischen Demnächst-Mütter „Zurück zur Natur!“ Lamaze war das einzig Wahre. Ich würde das noch steigern – ich würde in der Wärme und Geborgenheit unseres eigenen Heims entbinden. Weder ein Schulmediziner, noch ein keimfreies Krankenhaus oder Schmerzblocker kamen für mich in Frage, jener Tage.

An einem Samstagmorgen Anfang Dezember verspürte ich Anzeichen, es könne der Tag X sein. Wir benachrichtigten unsere – männliche! – Hebamme, der auch prompt kam, mich kurz untersuchte und unsere Diagnose bestätigte. Allerdings bestand keine Eile, Wasser zu kochen und ein Leinentuch in weiße Fetzen zu reißen. Es würde noch ein bisschen dauern. Er klang unbeschwert und wunderbar beruhigend, und als wir ihn fragten, ob wir einen Weihnachtsbaum kaufen gehen und ihn schmücken könnten, um die Zeit zu vertreiben, hielt er das für eine prima Idee.

Wir benachrichtigten unsere Familien, und bevor sie noch den Hörer fallen lassen und ins Auto springen konnten, sagten wir ihnen, es könne noch sechs, sieben Stunden dauern. „Keine Eile."

Am Abend, zehn Stunden später, brachte Mutter uns und der Hebamme und seiner rothaarigen Assistentin etwas zu essen. (Keine Sorge, mir würde schon nicht schlecht, denn ich bekäme definitiv keine Betäubungsmittel.) Es hatte keinen Fortschritt gegeben, bis auf den hübsch geschmückten Weihnachtsbaum, aber wir lächelten noch alle und waren in geselliger Stimmung. Die Lichter des Baums blinkten heiter in die zunehmende Abenddämmerung. Die Hebamme, der ein T-Shirt und Jeans anhatte, erzählte uns beim Abendessen, er sei früher Feldwebel gewesen.

Nach dem Abendessen verkündete er, ich solle tüchtig umhergehen, um das Ganze etwas zu beschleunigen. Morgens um zwei spazierte Scott mit mir durchs Haus – wortwörtlich: Er stand hinter mir, hob mich etwas an und bewegte meine Füße mit seinen Füßen vorwärts. Mutter nagte an ihrer Unterlippe und spähte in das hintere Zimmer, von wo das Schnarchen der Hebamme zu hören war, was sie nervös machte. Er war zuversichtlich, dass wir bei seiner Assistentin in guten Händen waren, doch um 3 Uhr früh schritt Mutter entschlossen ein. Wir riefen den Feldwebel herbei.

Wir konnten uns schon vorstellen, dass alles erst etwas unangenehmer würde, bevor es einfacher war, aber als Herr Hebamme die Dinge beschleunigte, war niemand von uns auf drei Stunden pressen vorbereitet. Wenn ich mit Pressen nachließ, bellte mich der Ex-Feldwebel an, bis ich erkannte, dass ich doch noch einmal pressen konnte. Scotts Mutter war vor 18 Stunden auf einen Kaffee vorbeigekommen und hatte ihre Sinne noch so weit beisammen, um das ganze Prozedere zu fotografieren. Meine eigene Mutter pendelte zwischen Gebeten auf Knien in der Küche und heulendem Elend.

Was die werdende Mutter anging, hätte ich mit Vergnügen jeden Experten für natürliche Geburt stranguliert, der mir gesagt hatte, Wehen seien nicht schmerzhaft, sondern lediglich harte Arbeit. Das hier waren *Schmerzen*.

Scott stützte mir Kopf und Schultern und belehrte mich: „Denk einfach, das Baby ist fast da!"

„Denk einfach", schnappte ich zurück, „wenn ich das lebend überstehe, gehst du ins Zölibat!"

Morgens um 6.30 Uhr, 21 Stunden nachdem wir die ersten Anzeichen der bevorstehenden Geburt so unbekümmert wahrgenommen hatten, legte mir die Hebamme meinen Achteinhalbpfünder in den Arm. Weil ich nur knapp einssechzig groß bin und einen schmalen Knochenbau habe, brauchte Zach (voller Name: Zachary) so seine Zeit, bis er ankam, aber plötzlich war es das wert. Darum haben wir damit weitergemacht. Und weitergemacht.

Die Geburt von Baby Nummer Zwei war eher wie ein Stück Kuchen im Vergleich zu Baby Nummer Eins. Zeke kam an einem Vormittag an einem verregneten Junitag, mit der Hilfe von einer höchst kompetenten Hebamme und ihren beiden Helferinnen. (Nebenbei bemerkt füllte der Marinefeldwebel die Titelseite unserer Großstadtzeitung aus, nachdem er festgenommen worden war. Ungelogen.)

Baby Nummer Drei wollte nichts von einem warmen Sommertag wissen, sondern wählte sich für ihr Erscheinen drei Tage nach Weihnachten 1983 aus, in einem der kältesten Winter seit Menschengedenken. Das Kondenswasser gefror innen an den Fensterscheiben. Meine Eltern und meine damals 18-jährige Schwester Rachel hatten bei uns Urlaub gemacht, und sie mussten alle wieder nach Hause. Ich war überfällig und fühlte mich wie ein Topf, der unter Beobachtung endlich kochen soll. Ich hatte mir schon mehrmals Wehen „eingebildet", wobei wir jedes Mal unsere Hebamme (mittlerweile eine gute Freundin) verständigt hatten, doch bis dahin war ich unfähig, meinen Zuschauern ein weiteres Enkelkind und eine Nichte bzw. einen Neffen zu produzieren. Doch am 28. Dezember gegen zwei Uhr früh weckte ich Scott, weil ich Wehen hatte.

„Schlaf weiter", gähnte er. „Ich glaube sowieso nicht, dass du überhaupt noch schwanger bist." Das Interessante ist, ich schaffte es wieder einzuschlafen, doch als ich das nächste Mal aufwachte, gab es absolut keinen Zweifel mehr. Ich war schwanger, aber nicht mehr lange.

Was jetzt folgte, war wie die Szene aus einem Krimi. Ich brüllte Anweisungen, während Scott das Zimmer nach der Kiste mit Hilfsmitteln durchwühlte, die ich für die Hebamme zusammengestellt hatte. Mir ging auf, dass die Kiste jetzt eine „Do-It-Yourself Geburts-Ausstattung" war, denn die Hebamme war 30 Minuten entfernt – bei gutem Wetter. So viel zur LaBoyer-Methode, die ich ausprobieren wollte.

Papa hielt Telefonkontakt zur Hebamme und gab Botschaften an Mutter weiter, die sie Scott zubrüllte, der an dieser Stelle am qualifiziertesten fungierte, da er schon bei zwei Hausgeburten assistiert hatte, die wir für unsere Gäste ausgerichtet hatten. Zwischenzeitlich machte sich meine sehr ausgeglichene Schwester sorgfältig Notizen in dem Teil ihres Loseblatt-Merkbuchs, der überschrieben war mit „Was ich niemals tun darf", packte dann aber zu wie ein Schwerarbeiter und war bereit, Wasser zu kochen oder Leinentücher zu zerreißen, wobei wir niemals herausfanden, wofür wir das eine oder das andere je hätten verwenden sollen.

Als das Baby in Scotts wartenden Armen landete, verkündete er unter Tränen, es sei ein weiterer kleiner Junge. Wenige Sekunden später sagte Mutter: „Scott ... ähm ... ich glaube, du hast da was mit der Nabelschnur verwechselt." Wir nannten sie Rachel Praise.

Die Hebamme kam gerade rechtzeitig, um die Nabelschnur durchzuschneiden, und Scott, jetzt voller Stolz und Selbstvertrauen, gestattete das, als könne er mit jedem neuen Haus, das er von da an baute, die kostenlose Auslieferung eines Babys anbieten.

Drei Jahre später kam Gabe. Die Geburt ging so sanft und glatt vonstatten, dass meine Mutter es nicht mehr rechtzeitig bis zu dem eigentlichen Ereignis schaffte – wofür sie auf ewig dankbar ist. Während ich mich erholte, kam sie recht gut mit den drei älteren Kindern und dem Haushalt klar, doch Gabe war zu schwer für ihren Rücken. Er wog weit über viereinhalb Kilo. Wenn das kein bombastisches Finale war!

Am 1. Februar 1992 bekam meine Schwester Rachel ihr erstes Kind – auf ihre Art. Ihre Wehen begannen, nach einer voll durchgeschlafenen Nacht, morgens um sieben an ihrem freien Tag. Siebeneinhalb Stunden später rief sie mich aus dem ausgesucht hübschen, heimeligen Entbindungszimmer an und erzählte mir in allen Einzelheiten von den zwei schmerzhaften Kontraktionen, die sie ertragen habe, bevor sie um eine PDA[3] bat.

„Danach", berichtete sie begeistert, „war es toll. Wir saßen alle rum und lachten und spielten Rummy." Als ich abends noch einmal anrief, um mich nach ihr und ihrem kleinen Sohn zu erkundigen, konnte sie kaum sprechen, weil sie gerade an einem Steak kaute, das

das Krankenhaus ihr und ihrem Mann (ebenfalls ein „Scott") bei Kerzenschein serviert hatte. Ich solle entschuldigen, dass sie mich so abwürgen müsse, aber sie müsse noch schnell im Fitnessstudio anrufen, bevor es zumache, und einen neuen Termin für ihr Squashspiel vereinbaren.

Du liebe Zeit! Ich knirschte innerlich mit den Zähnen. Sie hat eine Yuppie-Entbindung hingekriegt!

Als mich die Erinnerungen an meine total natürlichen Lamaze-, La-Boyer-, LaLächerlich-Entbindungen überkamen, konnte ich lediglich denken: Was habe ich mir bloß dabei gedacht?

***

Sieben Jahre später lache ich noch immer über die Unterschiede zwischen meiner Schwester Rachel und mir. Wie zu erwarten hat ihr Sohn Trevor viel von einer Mary Poppins – praktisch perfekt in jeder Hinsicht. „Darf ich bitte noch etwas Orangensaft haben, Tante Becky?", fragt er wohlerzogen, während er in ruhiger Erwartung an meinem Küchentresen sitzt. Wenn ich ihm den Saft bringe, nimmt er ihn mit einem höflichen „Danke sehr" entgegen. Wehmütig tätschele ich seinen Kopf.

Nachdem ich gerade ein paar aufwühlende Wortwechsel mit zwei meiner eigenen Teenager – in ihrer ätzendsten Form – hinter mich gebracht hatte, schaute ich meine Schwester an und jammerte: „Gott liebt euch einfach doch mehr!"

Als wir in Gelächter ausbrachen, erinnerte sie mich rasch daran, dass meine Kinder einzigartig sind, und fing an, all meine guten Eigenschaften aufzuzählen. Eigenschaften, die meine Teens gewiss zu schätzen wissen, bevor ich in die Wechseljahre komme. Oder zumindest, bevor ich reif bin für den Seniorenteller bei McDonald's.

Also auch wenn Rachel jeden Morgen joggen geht, ihre Entbindung schnell und beinahe schmerzfrei verlief und sie einen Sohn hervorbrachte, der wie eine fein geschnitzte kleine Statue aussieht – und auch wenn sie Möbel besitzt, an denen ihre Gäste nicht mit dem Hosenboden kleben bleiben, muss ich doch zugeben, dass ich sie ganz gewiss lieb habe.

Sie ist meine beste Freundin und auferbauendste Verwandte, und wir lachen und weinen und beten und halten uns aneinander fest, als ob uns jemand an den Kragen wollte, auf dieser erheiternden, holprigen Fahrt namens Mutterschaft.

***

Das ist genauso wie bei einer Frau,
die ein Kind bekommt.
Sobald ihr Kind geboren ist,
hat sie Angst
und Schmerzen der Geburt vergessen.
Sie ist nur noch glücklich darüber,
dass ihr Kind zur Welt gekommen ist.

Johannes 16,21

Wenn es leicht wäre,
Mutter zu sein,
finge es niemals mit etwas an,
das man als „Wehen“ bezeichnet.

Wie sich das Elterndasein mit zunehmender Kinderzahl ändert

Kleidung

1. Kind: Sie ziehen Umstandskleidung an, sobald Ihr Gynäkologe Ihre Schwangerschaft bestätigt.
2. Kind: Sie ziehen so lange wie möglich Ihre normalen Sachen an.
3. Kind: Ihre Umstandssachen sind Ihre normalen Sachen.

Name des Kindes

1. Kind: Sie vertiefen sich in Namensbücher und üben Aussprache und Schreibweise von Kombinationen all Ihrer Lieblingsnamen.
2. Kind: Jemand muss doch sein Kind nach Großtante Wilma nennen, oder? Warum also nicht Sie?
3. Kind: Sie schlagen ein Namensbuch auf, schließen die Augen und schauen, wo Ihr Finger landet. Bimaldo? Perfekt.

Geburtsvorbereitung

1. Kind: Sie machen mit religiösem Eifer regelmäßig Atemübungen.
2. Kind: Sie üben gar nicht mehr, denn Sie erinnern sich, dass das Atmen letztes Mal überhaupt nichts gebracht hat.
3. Kind: Sie bitten im 8. Monat um eine PDA.

Sorgen

1. Kind: Beim ersten Anzeichen von Unwohlsein – ein Wimmern, ein Stirnrunzeln – nehmen Sie Ihr Kind hoch.
2. Kind: Sie nehmen Ihr Baby hoch, weil sein Geschrei die ältere Schwester aufzuwecken droht.
3. Kind: Sie bringen Ihrem Dreijährigen bei, wie man die automatische Babyschaukel aufzieht.

Aktivitäten

1. Kind: Sie gehen mit Ihrem Kind zu Säuglingsgymnastik, Baby-Schwimmen, Massage und Geschichtenerzählen für Säuglinge.
2. Kind: Sie gehen mit Ihrem Kind zur Säuglingsgymnastik.
3. Kind: Sie nehmen Ihr Kind mit in den Supermarkt und zur Reinigung.

Ausgehen

1. Kind: Wenn Sie Ihr Kind das erste Mal einem Babysitter überlassen, rufen Sie fünf Mal am Abend zu Hause an.
2. Kind: Unmittelbar bevor Sie zur Tür hinausgehen, hinterlassen Sie eine Nummer, unter der Sie zu erreichen sind.
3. Kind: Sie erteilen dem Babysitter Anweisung, nur anzurufen, wenn Blut fließt.

Alltagsleben

1. Kind: Sie verbringen jeden Tag Stunden damit, das Baby einfach nur staunend zu bewundern.
2. Kind: Sie verbringen jeden Tag ein wenig Zeit damit, darauf zu achten, dass Ihr älteres Kind das Baby nicht zwickt, knufft oder schlägt.
3. Kind: Sie verbringen jeden Tag ein kleines bisschen Zeit damit, sich vor den Kindern zu verstecken.

4
Eltern-Kind-Zirkus oder: Die Schule entlässt Ihre Kinder

Baby Nummer Eins war ein lebhaftes, aber einfaches Kind. Zachs Haar war dunkel, seine schwarzen Augen leuchteten und sein Lächeln war so strahlend wie die Weihnachtszeit, in der er angekommen war. Er war so bezaubernd, dass Fremde bei ihren Feiertagseinkäufen innehielten, um ihn zu bewundern und ihn bezaubert anzugurren.

Dann, 18 Monate später, kam Zeke. Als Zeke geboren wurde, sagte meine Mutter: „Also, hm, Becky, er ist ... tja... er ist – lang!" Zeke (oder Zeekle, wie Zach ihn nannte) war bewundernswert, aber auf eine Art bewundernswert, wie ET es war. Flehende große Augen, kahler Schädel, lange magere Beine. Bewundernswert wie Spider Monkey. Onkel Kent, Scotts Cowboy-Bruder, warf einen kurzen Blick auf seinen kleinen Neffen und sagte: „Er sieht aus wie ein kleiner Außerirdischer. Hallo, du Weitgereister."

Ich hatte angenommen, da ich zu Hause entbunden und meine Kinder gestillt hatte und die meiste Zeit meines Lebens ein einigermaßen braves Mädchen gewesen war, müssten all meine Kinder unbeschwert sein. Ich hätte mir nie träumen lassen, dass eine gestillte Hausgeburt anfällig sein könnte für Koliken. Und wie anfällig er war.

In einer schlaflosen Nacht nach der anderen versuchten Scott und ich, gut vier Kilo schreiendes Babybündel zu beruhigen. Wir reichten ihn uns gegenseitig wie eine heiße Kartoffel, die keiner von uns anfassen konnte. Ich nahm all meinen Optimismus zusammen und begann die Gutenacht-Saga, indem ich mich mit Zeke draußen auf der Veranda auf die Schaukel setzte (Gott sein Dank war er ein Sommerbaby) und ihn unter den Sternen wiegte. Zeke stellte das Geschrei gnädigerweise auf „Pause“, solange ich schaukelte, doch wenn ich sozusagen einen Schlag aussetzte, kam ein Protestschrei. Nach einer Stunde oder so entwich der Optimismus aus jeder Faser meines Seins. Für gewöhnlich gab ich auf und fing auch an zu heulen. („Wenn du sie nicht besiegen kannst – schließ dich ihnen an.“) Wenn ich so viel geschaukelt hatte, wie ich nur konnte, reichte ich ET für eine Stunde Papa-Therapie an Scott weiter – und dazu gehörte viel Bewegen und Tätscheln und Schmollen (vom Vater wie vom Sohne).

Eines Tages, nicht lange nach Zekes Geburt, wachte ich auf und sah, wie Zachary, mein Ältester, sorgfältig meinen Lidschatten auf mein Bettlaken schmierte. Zeke hatte bereits mit seiner vormittäglichen Schreiorgie begonnen – womit er Tag für Tag zu wissen begehrte, warum ich ihn aus diesem schönen gemütlichen Bauch in diese kalte, grausame Welt gezwungen hatte. Das Leben als junge Mutter eines Anderthalbjährigen und eines nervtötenden Neugeborenen war, so schloss ich, kaum lebenswert. Ich konnte nicht mal mehr alleine aufs Klo. Die einfachsten Hausarbeiten wurden zu riesigen Anstrengungen.

Eines Morgens, als Scott zur Arbeit gehen wollte, erhaschte ich seine Aufmerksamkeit. „Wenn du heimkommst“, fragte ich, und jedes Wort troff vor Überreiztheit, „soll ich dann das Bett gemacht, das Abendessen vorbereitet oder mich zurechtgemacht haben? Denn alles drei passt auf keinen Fall in meinen vollen Terminplan aus Windeln wechseln, stillen, Nasen putzen und dauernd *schaukeln*!“ Er fragte, ob ich mit ihm tauschen wollte – bei sengender Hitze Hausdächer decken. Doch bevor ich noch aufspringen und Hammer und Schindel schnappen konnte, war er blitzschnell zur Tür hinaus.

Ich erbeutete den Lidschatten von meinem sich entfaltenden Künstler, nahm dabei Zeke hoch, warf ihn mir über die Schulter und versuchte, ihn zu beruhigen. Da klingelte das Telefon. Es war meine Mutter. Ich tat, was jede aufgewühlte Tochter tut, wenn ihre Mutter anruft. Ich schluchzte. Ich wimmerte. Ich suhlte mich in meinem endlosen Elend.

„Becky“, sagte sie besänftigend, „ich weiß, es ist eine harte Zeit. Und ich weiß, Zeke ist ein schwieriges Baby, aber hör mir mal zu, Liebes. Ich glaube, ich habe heute Morgen so etwas wie eine Eingebung des Himmels gehabt. Nicht hörbar, aber in meinem Herzen, vernahm ich ganz deutlich: *Warte nur ab. Dieser Junge wird Beckys Freude sein.*“

„Ach, Mami“, heulte ich, „ich weiß ja nicht! Aber wenn du wüsstest, wie sehr ich darum bete, dass du Recht hast.“

***

Gestern fuhr unsere Familie mit Amy, Zekes bezaubernder Freundin, sowie Scotts Eltern fünf Stunden zu seinem College in San Marcos, Texas, um seine Teilnahme an seinem ersten Triathlon mitzuerleben. Leider verwechselte er das Datum für das Turnier und verpasste den Triathlon um genau 24 Stunden. (Er hat die Sportlichkeit seines Vaters und die Schusseligkeit seiner Mutter geerbt.) Doch typischerweise lachte Zeke nur darüber und konzentrierte sich darauf, das Beste aus der Tatsache zu machen, dass er seine Familie einen ganzen Tag um sich hatte.

Wenn Sie einmal in einem künftigen Wörterbuch unter „Enthusiasmus“ nachschlagen, werden Sie, da bin ich mir sicher, gleich daneben „Zeke Freeman“ finden. Bevor er mit der Schule fertig war, betrieb er eine christliche Kaffeestube, nahm an zahlreichen Missionseinsätzen teil, und leitete zwei Sommer lang Abenteuerfreizeiten für jüngere Teenager. Er macht Rucksacktouren, fährt Kajak, Kanu, Ski, klettert, läuft, schwimmt, schnorchelt und taucht. Er nimmt zutiefst Anteil am Leben der Menschen, die er kennt und liebt. Er liebt ohne Vorbehalt. Er lacht schnell. Er lernt viel, arbeitet viel, spielt viel, und betet viel. Seine Freundlichkeit folgt ihm, wohin er geht, und hinterlässt deutliche Spuren. Vom Kindergarten-Preis „Ritter des Mitgefühls“ bis zur Football-Trophäe „Kämpfendes Herz“ war Zeke in seinem jungen Leben immer ein Vorbild an Großzügigkeit und Mut.

Mir wird seine Schulabschlussfeier immer im Herzen bleiben. Auf eine Art war das für mich auch ein Abschluss – der Kindheit meiner beiden jetzt erwachsenen Söhne. Als das Lied „Will You Remember Me?“ aus den Lautsprechern der Aula rieselte, erhob sich Zeke mit seiner kleidsamen Collegetracht, kam zu mir, küsste mich auf die Wange und überreichte mir einen Strauß Wildblumen. (Vermutlich hat er eine ältere Dame bezirzt, damit er sie in ihrem Vorgarten pflücken durfte.) Ich musste einfach über seine Füße lächeln – geschmückt mit seinen geliebten Sandalen mit Gummisohle. Dann streckte er die Arme aus, und ich streckte meine aus. Wir brauchten nichts zu sagen; wir wussten, was zu tun war. Wir tanzten durch die ganze Turnhalle. Als ich meinem lang geratenen Sohn über die Schulter spähte, sah ich kein einziges trockenes Auge. Bald musste auch ich meine eigenen Tränen wegblinzeln.

Unter das Herumwirbeln und die Musik, mit denen mein Sohn einen Schritt ins Erwachsenenleben tat, mischten sich die vorausschauenden Worte meiner Mutter von vor 18 Jahren, an einem Tag, als ich mich fragte, ob ich dieses Kind je überleben würde.

„Becky, er wird deine Freude sein."

Ich lehnte mich zurück, um das ansehnliche Gesicht meines Babys zu betrachten, seine rehbraunen Augen, sein kräftiges Kinn mit den zarten Stoppeln, sein breites Lächeln, bei dem das Herz jeder Frau dahinschmilzt. Es gibt Augenblicke, die soll man genießen und festhalten. Wie diese Minuten, in denen ich über einen Turnhallenboden tanzte - mit meinem Sohn, meiner Herzensfreude, diesem lebendigen Segen in abgetragenen Sandalen.

„I will remember you ...", ging das Lied weiter. *Oh ja, mein Kind. Ich werde mich an dich erinnern. Und wie ich mich erinnern werde.*

Bevor die Musik aufhörte, überließ ich meinen Sohn seiner hübschen „kleinen Amy" mit dem goldenen Haar, die geduldig gewartet hatte, bis sie dran war, und sah das Leuchten in seinen Augen, als sie sich begegneten. Sie tanzten davon, frei und zuversichtlich im Blick auf alles, was die Zukunft bereithalten mag, und ich wusste, ich sah die Freude in Person.

***

An Mütter von Schreihälsen, die sich fragen, wann das Gekreische je ein Ende haben wird, wann sie das Windelregal im Supermarkt einfach links liegen lassen können, wann ihre Kinder sie nicht mehr für jede Kleinigkeit brauchen – glauben Sie mir, diese Zeit wird kommen. Jede Minute, die Sie im Mutter-Kind-Zirkus verbracht haben, zahlt sich aus, tausendfach: am Tag der Schulentlassung – und an diesem Tag kriegen auch Sie Ihr Diplom!

Je älter das Kind wurde,
desto mehr Ansehen
fand er beim Herrn
und bei den Menschen.
1. Samuel 2,26

Begreifen die Menschen
jemals das Leben,
während sie's leben -
jeden, jeden Augenblick?
Emily, in: Thornton Wilder, ‚Unsere kleine Stadt'

5
Euterst witzig

Mit einem Seufzer stellte ich die Wickeltasche neben mir auf dem Fußboden ab. Mein neugeborener Sohn war in eine Decke gewickelt, die so zart war wie der blaue Himmel, und kuschelte sich schläfrig an meinen Hals. Ich betete, er möge noch ein paar Minuten aushalten, bevor ich ihm seinen Milchshake am Vormittag servierte.

Ich schaute mich in dem Wohnzimmer voller junger Mamis um und fühlte mich sogleich getröstet. Augenscheinlich war ich nicht die Einzige, die sich erst ans Muttersein gewöhnen musste. Unsere Augen waren verquollen vor Schlafmangel, der Duft von „Eau De Bäuerchen" stieg von unseren Schultern, und das verräterische Zeichen jeder stillenden Mutter zierte unsere Blusen: zwei untertassenförmige Kreise an der Stelle, wo sich einst normale Brüste befanden.

Seit wir ein Kind zur Welt gebracht hatten, wunderten wir uns über die Futterbeutel von der Größe zweier Melonen, die an uns hervorquollen. Beinahe über Nacht hatten wir uns von wohlgeformten, attraktiven Frauen in eine Kuhherde verwandelt, deren fallschirmgroße BHs über der Duschvorhangstange trocknen.

Jetzt dachten wir nur noch wehmütterlich ... äh, wehmütig ... daran, wie es gewesen war, Dessous in normalen Konfektionsgrößen tragen zu können.

Hier in der La Leche League trafen wir uns also einmal wöchentlich, eine verschworene Schwesternschaft, um uns gegenseitig aufzumuntern und uns an die tausend guten Gründe zu erinnern, warum wir uns entschlossen hatten, unseren Nachwuchs zu stillen.

Neben mir bemerkte eine junge Mutter: „Warum hat mir niemand gesagt, dass Stillen so schmerzhaft ist? Neben meinem Schaukelstuhl steht ein Korb mit Beißringen – für mich!"

„Ach, geht's dir auch so?", fragte ich. „Ich muss immer meine Lamaze-Atemtechnik anwenden, damit ich das Anlegen aushalte, diesen ersten stechenden Schmerz, der einen durchzuckt, wenn man sich das Baby zur Brust nimmt."

„Verstehe ich völlig", fiel eine andere Schicksalsgenossin ein. „Nicht nur, dass es wehtut – ich fühle mich inzwischen so ansehnlich wie eine Kreuzung aus Dolly Buster und Quasimodo – ewig gebeugt von dieser gewichtigen ‚Mutterlast'. Ich habe mir schon mal überlegt, einen Einkaufswagen zu klauen und meine ‚Milchcontainer' darin spazieren zu fahren."

Gelächter brach los, und eine Woge aus Erleichterung und Verständnis durchflutete den Raum bis in den letzten Winkel.

„Neulich beim Aufwachen", warf ich ein, „hatte ich total viel Milch, und als ich mich umdrehte, ging ein Milchstrahl los und traf das Fenster. ‚Guter Schuss', sagte mein Mann trocken. „Und jetzt versuch mal, die Fliege da drüben zu treffen'."

„Und? Was hast du auf diesen romantischen Beitrag erwidert?"

„Ich habe gesagt, er sei euterst witzig."

Wieder Gelächter, und damit hellte sich die Stimmung noch etwas mehr auf. Wir holten aus unserem Dilemma heraus, was gleichsam auszumelken war.

„Was für mich das Schlimmste ist", erläuterte die Nächste in der Runde, „als ich noch arbeitete, konnte ich mit Angestellten und mit Projekten herumjonglieren. Am Ende eines typischen Arbeitstages konnte ich meinen Tagesplaner aufklappen und eine ganze Liste erledigter Aufgaben abhaken. Und jetzt, wenn mein Mann nach Hause kommt und fragt, was ich so gemacht hätte, sage ich etwas in der Art wie: ‚Ich habe das Bett halb gemacht, dann das Baby gestillt. Ich habe meine Haare halb gekämmt, dann das Baby gestillt. Ich habe mich halb angezogen, dann das Baby gestillt. Ich habe den halben Tag hinter mich gebracht, bin dann im Schaukelstuhl eingeschlafen, beim Stillen. Ich bin bloß noch ein schaukelnder menschlicher Nahrungsschlauch'."

„Neulich", unterbrach eine andere die kurze Stille, „habe ich nach dem Stillen die Tür aufgemacht, als der Handwerker kam, und nicht gemerkt, dass die Bluse noch offen war."

Gequältes Stöhnen allüberall. Anscheinend waren wir alle schon das eine oder andere Mal allzu offenherzig gewesen.

„Ja“, fragte ich ungläubig, „und warum *tun wir das* dann eigentlich?“

„Hm ... es ist gut für das Kind“, erinnerte uns eine aus unserer Schwesternschaft, wobei sie versuchte, das Baby ein Bäuerchen machen zu lassen und gleichzeitig mit einer geschmeidigen Bewegung dem Zweijährigen seine Tupper-Trinkflasche zu geben.

„Nichts ist so nahrhaft wie Muttermilch“, sagte eine von uns Vollzeit-Müttern, die früher Kinderkrankenschwester gewesen war.

„Und es ist praktischer als Flaschen und Sauger und das ganze Zeug.“

An dieser Stelle musste ich geistig aussteigen. Zach, der Säugling, fing an zu zappeln und zu protestieren. Was genug ist, ist genug. Er hatte nach Kräften an meinem leeren Schlüsselbein genagt, ohne etwas Nahrhaftes für seine Bemühungen zu gewinnen. Jetzt war es Zeit für etwas Handfestes.

Als ich zusah, wie er hungrig, ja gierig seinen flaumbedeckten Kopf vor und zurück bewegte auf der verzweifelten Suche nach der Quelle allen Trostes, dem Lebenselixier, konnte ich mir ein Lächeln nicht verkneifen. Ich hielt den Atem an, als er sich festsaugte, bis der erste Schmerz vorüber war. Doch bald schon ebbte der Schmerz ab und Muttermilch begann zu strömen. Winzige Händchen, lebendige Kunstwerke in Vollendung, streckten sich nach mir aus und streichelten meine Haut, wie als Zeichen der Dankbarkeit. Dann schnappte er sich eine dunkle Haarsträhne von mir und drehte sie in höchster Faszination über das, was er da erwischt hatte. Zwei schwarze Augen suchten meine, fanden sie und blickten mich unverwandt an.

Ich sah mein Spiegelbild in diesen dunklen Teichen.

Und ich sah in ihnen bedingungslose Liebe.

Ich sah eine Frau, die plötzlich zur Mutter umgeformt worden war – durch ein paar Kilo seidenweiches Fleisch, durch ein Menschlein, dessen bloße Existenz von ihr abhing. Nach ein paar hektischen Zügen saugte Zachary weniger verzweifelt und ließ ab und zu einen zufriedenen Seufzer hören. Freude, gestillter Hunger, höchstes Glück, gehalten und geliebt zu werden – das waren meine Geschenke an mein Baby. Eine Chance, neues Leben zu nähren, zu entdecken, dass es möglich war, jemanden mehr zu lieben als mich selber, und wenn es sein musste auch für ihn zu sterben – das waren die Geschenke meines Kindes an mich.

Als ich hochschaute, sah ich, wie eine nach der anderen aus unserer Mütterrunde ihr Kind an die Brust legte – ein Ritual der Liebe, das so alt ist wie die Menschheit selber. Wir klagten zwar über die Unannehmlichkeiten beim Umsorgen neuen Lebens, stöhnten über den Verlust unserer einst so straffen Figur und jammerten über das Nichtvorhandensein vorzeigbarer Produktivität – doch im Herzen kannten wir die Wahrheit.

Nie in unserem Leben würden wir jemals wieder etwas so ungeheuer Wichtiges tun.

***

Es ist nun 13 Jahre her, seit ich ein eigenes Neugeborenes im Arm hatte. Vom Windelwechseln und Stillen bin ich abgekommen und habe mit Anfang Dreißig einen Collegeabschluss gemacht. Eine Zeit lang habe ich als Lehrerin gearbeitet. (Okay, eine sehr kurze Zeit lang – nach neun Monaten aufrichtigen Bemühens zog ich mich zurück). Wenn Sie dieses Kapitel lesen, habe ich mittlerweile ein Dutzend Bücher alleine oder mit anderen geschrieben und vor Tausenden Zuhörern Vorträge gehalten. Ich bin bedeutenden Menschen mit ungeheurem Einfluss an wichtigen Orten begegnet. Und wissen Sie was?

Ich habe nie etwas so zutiefst Wichtiges getan wie ein Lebewesen zu versorgen, das frisch aus Gottes Hand kam.

Und nie wird es etwas Wichtigeres geben.

***

Schon an der Brust meiner Mutter
hast du mir Geborgenheit geschenkt.
Psalm 22,9

Wie mein Kind sich die Nahrung
aus meinem Körper nimmt,
wie ihm die Augen zufallen,
wie zufrieden es schnurrt,
das zu sehen und zu hören
ist schmerzhaft köstlich.
Wie viele Mütter versuchen durch ihre Kinder,
ihr eigenes Bedürfnis zu befriedigen,
zu geben und zu beschützen
und gebraucht zu werden?
Jetzt ist es an der Zeit,
mich ganz dem Schmusen und Schnurren hinzugeben,
damit ich, wenn mein Kind
mich nicht mehr so sehr braucht,
meinen Griff ohne Bedauern lockern kann.

Judith Geissler

6

Unterhaltung vom Feinsten

Wir waren in einer hübschen Kleinstadt inmitten der herbstlich gefärbten Hügel von Tennessee. Die Konferenz, vor der ich einen Vortrag gehalten hatte, war gelungen – Gott war nah und es gab herzlich viel zu lachen. Scott und ich unterhielten uns noch mit dem Pastor. Es war schon spät und wir waren müde – aber nicht hundemüde, sondern eher so erschlagen, wenn alles glatt gelaufen ist und man über jede Kleinigkeit in Lachen ausbricht. Ich weiß nicht mehr, wie wir in der leeren Sakristei auf das Thema kamen, aber irgendwann sprach ich mit dem Pastor darüber, wie komisch Kinder sein können. Er hatte gerade zugegeben, dass er sich selber oft wie ein richtiges Kind vorkam. Als wir so gingen und uns unterhielten, fiel mir auch tatsächlich auf, auf was für eine schlurfend-hoppelnde Art er sich den Gang entlangbewegte.

„Welche Spielsachen, die Sie als Kind hatten, wünschten Sie, würden auch für Erwachsene gemacht?“, fragte ich, denn wir waren in einer verspielt-kreativen Stimmung.

Nach einer hoch theologischen Diskussion über das Thema meinten wir übereinstimmend, es müsste Babyhopser in Erwachsenengröße zum Stressabbau geben. Anstatt die Kinder anzubrüllen oder Kopfschmerzen zu bekommen, sollte ein Chef Krawatte und Jackett ablegen, sich in seinem Babyhopser anschirren und seinen Frust weghopsen.

Scott und ich erzählten aus unserer Erinnerung, wie süß und drollig unsere Kinder ausgesehen hatten, wenn sie in ihrem Babyhopser ihren Boing-joing-joing-Tanz aufführten. Eingangs federten sie ein paar Mal ganz sachte und hoben mit ihren winzigen Sportschühchen kaum vom Boden ab. Das Aufwärmen.

Dann irgendwann – wir wussten nie, wann oder warum – bekamen sie diesen Bösen-Buben-Blick, runzelten die Augenbrauen, verzogen den Mund, ballten die Hände zu Fäusten – und hops-hops-*hopsten*, was das Zeug hielt. Zach hatte so einen ausgelassenen Schrei – als hätte ihn gerade jemand gezwickt, woraufhin wir flugs zum Kassettenrekorder krabbelten (das war noch die Zeit vor den Videoaufnahmen). So ein gutes Unterhaltungsprogramm hätten wir nie bezahlen können. Zumindest nicht, als wir zwanzigjährige Eltern waren, die von einem Hausmeistergehalt das Studium finanzierten. Scott und ich wälzten uns vor Lachen auf dem Boden und sahen zu, wie sich unser kleiner Flummi verzweifelt bemühte, seinen höchsten Sprung noch zu übertreffen.

„Ja, genau", lachte unser Gesprächspartner und erinnerte sich an seine erste Begegnung mit einem Babyhopser. „Ich glaube, mit dem Video könnten wir einen Preis gewinnen, als wir versucht haben, unser jüngstes Kind in einen Babyhopser zu stecken. Wir haben den Fehler gemacht, ihn in den Hopser zu setzen, *bevor* wir den richtig aufgehängt hatten – und die ganze Zeit lief das Band. Zuerst sieht man also diesen kleinen Kerl im Schlafanzug, wie er von etwas über den Teppich geschleift wird, das wie ein halber Fallschirm aussieht. In der nächsten Szene ist klar zu erkennen, dass wir den Hopser zu niedrig aufgehängt haben. Das Baby sieht aus wie eine Marionette, die Beine sind über Kreuz, der Körper schlenkert herum wie ein vergiftetes Menschlein. Schließlich kommt das Gesicht in den Blick. Er schaut uns an, ist diesen Kinderkram offensichtlich leid und dreht sich gelangweilt in diesem neumodischen Gebilde, das seine Eltern nicht einmal aufzuhängen wissen. Während sich sein Kopf dreht ... und dreht ... und dreht, sieht er aus, als wolle er sich beschweren: ‚Was ich nicht alles für diese Leute da tue.'"

Wenn man's recht bedenkt, waren Babys schon immer gut für preiswerte Unterhaltung.

Mein Vater konnte sich zum Beispiel wunderbar amüsieren, wenn er nur ein ganz gewöhnliches Baby sah, das einen Keks isst. Unweigerlich dreht das Kind den Keks auf die Seite – wie einen rollenden Reifen – und versucht, ihn hochkant zu essen. Es drückt den Keks an die Lippen, sabbert und nagt mit seinem einen winzigen Zahn, und es kommt ihm nicht in den Sinn, einfach von der flachen Seite aus in den Keks zu beißen. Sie lieben die Herausforderung.

Ach ja, die Freuden von Babys und Nahrungsmitteln! Bevor Scott selber Vater wurde, waren wir bei einem jungen Paar zum Essen eingeladen, das seinem Kind einen Kinderkeks gegeben und es in einem Hochstuhl neben Scotts Ellenbogen postiert hatte. Ich saß den beiden gegenüber und überblickte die ganze Szene. Erst lutschte das Baby an dem Kinderkeks, bis das ganze Ding mit einer netten, matschigen Hülle aus Sabber und Mehl überzogen war. Dann, als Scott verzweifelt versuchte, nichts zu bemerken, bemalte das Kind sich Wangen, Stirn und Haare mit dem Brei. Scott schluckte schwer und schaute weg. Doch das Baby wollte diese Behandlung nicht nur sich selber angedeihen lassen.

Es nahm den kleinen wabbeligen Keks und machte stups, stups, stups auf Scotts weißem Hemd, wobei mit jedem Stupser kleine matschige gelbbraune Keksspuren zurückblieben. Und da entschuldigte Scott sich höflich. Zwar konnten die Gastgeber ihn nicht sehen, als er, immer noch grün im Gesicht von der großen Qual am Esstisch, aus dem Bad zurückkam, aber ich konnte es. Ich biss mir auf die Wangen, um bloß nicht laut herauszulachen, obwohl Scott offensichtlich ernsthaft Qualen litt. Er wollte die Gefühle unserer Gastgeber nicht verletzen, doch war er sich nicht sicher, ob sein Magen weitere Szenen mit Sabbern und Beißen durchstehen würde. Er machte mir ein geheimes Ehemann/Ehefrau-Zeichen, das ich so auslegte: „Ist der kleine Balg endlich fertig mit seinem Sabberzeug?“ Leider mussten wir beide feststellen, dass Kinderkekse ewig halten. Das Kind war zwar glücklich dabei, seinen Hochstuhl, das Lätzchen und den Ärmel seiner Mutter mit Kekspampe zu bestreichen – doch hatte der Keks selber kaum abgenommen. Er ist das Brot, das sich ständig vermehrt. Ich frage mich sogar, ob die fünf Brote in dem Bericht von der wunderbaren Speisung mit fünf Broten und zwei Fischen womöglich Kinderkekse waren?

Ganz im Ernst, Kinder sind witzig. Schon der reine, unverfälschte Klang von Babys erstem Kichern ist so süchtig machend amüsant, dass Eltern absolut *alles* tun – und damit meine ich *alles* – damit Baby wieder gluckst. Hochkarätige Führungskräfte, die Papi geworden sind, japsen wie ein Hund oder flattern wie ein Huhn, ja zur Not gackern sie auch laut, um die Musik des Kinderlachens zu hören. Mütter pusten Himbeeren über den Bauch ihres Babys – bedenklich nah an der nassen Windellinie –, um ihren Nachwuchs zu einem kleinen Gluckser zu bewegen. Hier werden keine Kosten und Mühen gescheut. „Als das erste Baby zum ersten Mal lachte“, sagte der immer junge Peter Pan, „zerbrach das Lachen in tausend Stücke, und sie alle hopsten umher, und so entstanden Märchen.“

Ich glaube, Peter könnte Recht haben.

***

Doch dann lachten
und jubelten wir laut vor Freude.
Psalm 126,2

Nicht gelindertes Klagen
wäre unerträglich.
Auf zehn Juden, die sich an die Brust schlagen,
hat Gott also einen bestimmt,
der verrückt sein soll
und die Brustklopfer amüsiert.
Schon als ich fünf war, wusste ich,
dass ich dieser eine war.

Mel Brooks

Kinder sind sonderbar

Die meisten Erfahrungen verlaufen nicht so, wie wir das vorausgeplant haben. Dazu gehört auch die Elternschaft. Nehmen wir mal Davids zweites Weihnachtsfest. Jemand schenkte ihm eine Krippe mit Figuren. Besonders angetan hatten es ihm die drei Weisen, und einen von ihnen benutzte er nun als Essbesteck. Er tauchte Balthasar bis zu den Ohren in Ketchup und leckte ihn ab. Meine Frau sagte: „Spatz, den Weisen taucht man nicht in Ketchup."

Vieles sagen wir unseren Kindern vorsorglich. So auf die Art: „Das und das habe ich dir gesagt, und darum ist es so!" und: „Hier zu Hause nicht!" und sogar: „Das kommt nicht in die Toilette!" Aber nie hätten wir uns etwas vorstellen können wie: „Einen Weisen taucht man nicht in Ketchup!"

Philip Gulley
Front Porch Tales

Teil II

Landung auf dem Boden der Tatsachen

7

Der Sand(e)mann ist da (Endlich!)

Ein Weg herauszufinden, ob man langsam erwachsen wird, besteht darin, festzustellen, ob man die Schlafenszeit für eine luxuriöse Belohnung am Ende eines langen Tages hält, und nicht für eine unheilvolle Wolke, die über dem vorbeiziehenden Tag schwebt. Zumindest habe ich das immer angenommen. Bis gestern Abend, das heißt, als meine Mutter und ich uns über die erstaunliche Fähigkeit meiner Schwester unterhielten, einzuschlafen, wenn sie sich nur an eine einigermaßen weiche Wand lehnen konnte.

„Wenn wir, als sie fünfzehn war, mit ihr auf Reisen waren", sagte Mama, „schlief sie quer über Koffern, auf Bänken und bei Luftturbulenzen, bei denen sich sonst fast alle über ihre kleinen weißen Tütchen beugten. Ich dagegen habe während der ganzen Reise kaum geschlafen. Eigentlich hasse ich es, schlafen zu gehen."

„Wirklich?", fragte ich neugierig. Ich staune, dass es nach all den Jahren noch Dinge gibt, die ich von meiner Mutter nicht weiß.

Genau da schlenderte mein Papa durchs Wohnzimmer. „Ja", stimmte er zu. „Nacht für Nacht steht sie da, stampft mit den Füßen und kreischt: ‚Ich will aber nicht ins Bett!'"

„Weil ich doch noch so viel *tun* will!", schmollte Mutter. „Ich liege da, während mein Kopf mit 150 Stundenkilometern die Sachen durchgeht, die ich mir für den nächsten Tag vorgenommen habe, und dasselbe passiert am nächsten Tag bei Sonnenuntergang. Mir läuft die Zeit davon!"

„Ich habe schon alles Mögliche probiert, damit sie ohne Theater ins Bett geht", erläutert Papa. „Ich habe versucht, das Abendritual lustig zu machen. Jetzt sind wir über sechzig und es geht schon wieder los mit: ‚Ich will noch was trinken! Ich muss mal Pipi!' Jetzt sage ich zu ihr (er verfiel in seine schmeichelndste Stimme für ein Kleinkind): ‚Komm, Schätzchen. Es ist Zeit für Tröpfchen, Pflaster und Salbe!'"

Ich kann es kaum abwarten.

Unserer Familie ist, wie unschwer zu erkennen, ein ausgeprägter Sinn fürs Theatralische zu Eigen. Allerdings ist mir der Kampf meiner Mutter gegen das Schlafen fremd. Neigt sich einer meiner typisch verrückten Tage, freue ich mich über eine Chance, in Bewusstlosigkeit zu versinken. Man reiche mir nur ein Kissen, ein Buch und ein kuscheliges Plätzchen, schon bin ich im Paradies. Wann ich anfing, die Schlafenszeit zu lieben, kann ich nicht mehr so genau sagen. Ich weiß jedoch, verheiratet zu sein und mit einem stattlichen Mann ins Bett steigen zu dürfen, mich an ihn zu kuscheln und zu schmiegen, trug für mich zu einem glücklicheren Tagesabschluss bei. Ich schätze es denn auch so sehr, jemanden zum Anschmiegen zu haben, dass ich mich wirklich in kleine Kinder hineinversetzen kann, die alleine schlafen müssen und niemanden zum Kuscheln haben.

Es gibt eine Geschichte von einem kleinen Jungen, die ich sehr mag. Es war an einem Sommerabend bei einem heftigen Gewitter. Seine Mutter steckte ihn ins Bett und wollte gerade das Licht aus machen, als er mit zittriger Stimme fragte: „Mami, schläfst du heute Nacht bei mir?"

Die Mutter lächelte und nahm ihn beruhigend in den Arm. „Ich kann nicht, Spätzchen", sagte sie. „Ich muss in Papas Zimmer schlafen."

Er durchbrach das lange Schweigen schließlich mit seiner bebenden Stimme: „So ein großer Schisser!"

Diese Anekdote erinnert mich an eine Zeit, als Zachary noch klein war und wir ihn dazu bringen wollten, alleine zu schlafen. Aus Verständnis und Mitleid hatten wir unseren Kindern erlaubt, mitten in der Nacht zu uns ins Schlafzimmer zu watscheln, wann immer sie Einsamkeit oder Angst verspürten (oder Hunger oder Durst oder Langeweile oder ...). Aber nachdem wir unsere Brut um ein paar Kinder erweitert hatten, merkten Scott und ich, dass wir uns selber wie Neugeborene vorkamen. Tag und Nacht waren vertauscht – wir waren die ganze Nacht wach und schlafwandelten durch den Tag. Wir schliefen in der Nacht nicht mehr, wir *erlebten* sie. Als uns auf der Matratze nur noch Platz von der Größe eines Geschirrtuchs blieb, merkten wir, dass etwas passieren musste. Die Kinder mussten ihr Anrecht auf unser Bett verlieren, bevor wir den Verstand verloren.

In der ersten Nacht nach unserem Beschluss wackelte der vierjährige Zachary ins Schlafzimmer und begann mit der automatischen Klettertour in unser Bett. Ich war zwar groggy, stand aber auf, nahm ihn bei der Hand und führte ihn in sein Zimmer zurück. Selbstverständlich war Zach von dieser neuen Regelung nicht begeistert. Ich nahm einen großen Teddybär, schmiegte ihn an Zach und steckte beide unter die Decke.

„Hier“, sagte ich besänftigend, „der schöne große Pu-Bär kann jetzt bei dir schlafen.“

Zach warf einen Blick auf den Bär, schaute mich mit seinen braunen Augen wie ein junger Hund an und sagte: „Ich hätte lieber eine schöne große Mami.“

Meine Schwester Rachel schrieb mir in einem Brief, wie ihren Sohn ein ähnliches Schicksal zur Schlafenszeit ereilte:

„Liebe Becky,
eines Abends waren wir es leid, uns immer so abzuplagen, damit Trevor im Bett bleibt. Wir hatten ihm Power Ranger-Bettwäsche gekauft und alles mögliche Einschlafspielzeug, mit dem er spielen konnte, doch was wir auch taten, er blieb nicht liegen. Schließlich fragte ich ihn: ‚Was stimmt denn nicht mit deinem Bett?‘ Trevor schaute uns an so nach dem Motto ... pah, wir müssten doch wissen, was nicht stimmt. Mit beiden Händen deutete er empört auf sein Bett und sagte: ‚Da ist doch niemand drin!‘“

Glücklicherweise ließ sich Gabriel, unser Jüngster, sogar als kleines Kind unwahrscheinlich leicht zu Bett bringen. Erst dachten wir, seine Ausgeglichenheit zur Schlafenszeit hätte damit zu tun, dass er bei einem großen Bruder schlafen könnte und sich deshalb nicht allzu einsam zu fühlen bräuchte. Doch dann entdeckte ich eines Nachts, dass Gabe ein ungewöhnliches, geheimes und aktives Nachtleben hatte. Als ich einmal bei ihm am Bett saß, bevor ich ihn zudeckte, gestand er mir: „Also“, begann er behutsam, „wenn alle schlafen, gehe ich in jedes Zimmer und hole gute Sachen unter ihren Betten hervor.“

„*Was* denn zum Beispiel?“, fragte ich und fügte ohne nachzudenken hinzu, ob er denn keine Angst habe, im Dunkeln durchs Haus zu geistern und mit der Hand unter Betten zu greifen. Gabe schaute mich an, als hätte ich eine Meise.

„Willst du mich veräppeln? *Nein!* Da sind richtig gute Sachen!“ Zum Beweis griff Gabe hinter sein eigenes Bett, wo er sein geheimes Lager mit der Ausbeute dieser nächtlichen Unternehmungen hatte.

Mit einem Grinsen, das bei jedem Gegenstand strahlender wurde, breitete er einen Tennisball, einen Stapel Gummibänder, ein altes Bonbon und eine Frisbeescheibe mit Werbespruch aus.

Während wir also süß träumten, ging Gabe nach Mitternacht auf die Pirsch und durchforstete den Fußboden unter uns. (Warum werde ich das Gefühl nicht los, dass die Nacht noch mehr Geheimnisse bergen könnte, als mir bisher bekannt sind?)

Doch zurück zu meinen ursprünglichen Betrachtungen. Wann habe ich angefangen, das Zubettgehen zu lieben, ja sogar zu genießen? Ich glaube, als die Kinder älter wurden und die allabendliche Tortur Gott sei Dank nicht mehr so traumatisch war. Als sie noch klein waren, waren wir mit unserem Abendritual voll ausgelastet. Ich habe ihnen vorgelesen, sie gebadet, sie gewiegt, ihnen vorgesungen, mit ihnen gebetet, sie gestillt oder ihnen zu trinken gegeben, sie gewickelt oder sie aufs Töpfchen gesetzt, sie umarmt, sie geküsst, und oft nach ihnen geschaut – süß wie ein Korb voll kleiner Kaninchen in pastellfarbenen Stramplern. Dann habe ich viele dieser Dinge abends mehrmals wiederholt, bis sie tatsächlich einschliefen. Danach war ich total erschossen – zu erschöpft, um gar noch zu weinen, geschweige denn darüber zu staunen, wie putzig sie waren.

Bis heute bin ich dankbar für Teenager, die mich aufsuchen, um mir Gute Nacht zu sagen, die sich selber baden, sich selber Wasser einschenken und das Licht selber ausmachen. Die oft *freiwillig* noch vor mir ins Bett gehen und mir einen geruhsamen Abend schenken, bevor ich in den Schlaf gleite.

Es ist nun schon recht spät (Entschuldigung, ich muss mal gähnen) und mir fallen die Augen zu. Wollen wir mit einer heißen Schokolade auf das Schlafengehen anstoßen? Ein Prosit den besten Schnarchtüten von Texas (und anderswo). Wir halten jetzt die Decke fest, nehmen ein Vorlesebuch und kuscheln uns an unseren Lieblingsteddy – ob er nun mit Füllwatte ausgestopft ist, oder leise schnarcht und randvoll mit Liebe ist.

***

Dein Schlaf ist ruhig und tief.
Sprüche 3,24

Kleine Kinder stören deinen Schlaf, große Kinder dein Leben.
Jiddisches Sprichwort

Gedankensplitter von einem sehr müden sehr jungen Vater

Ich bin seit zwei Wochen Vater und mein Sohn Marc ist klasse, außer dass er in der ersten Woche aus der Reihe tanzte. Versaute Windeln und Geschrei wegen allem ... Er ist noch so ein Baby.

Schlafmangel ist an der Tagesordnung, da Marc den Schlafrhythmus vorgibt ... Allerdings habe ich letzte Nacht wie ein Baby geschlafen.

Ich habe die ganze Nacht geheult und das Bett völlig durchnässt.

Robert Byron

8
Leben in Zeitlupe

Wer erinnert sich noch an die berühmte Satire von Tim Conway – wo er den alten Mann mit Einsteinfrisur spielt, der im Tempo einer verwundeten Schnecke daherschlurft? Die Darstellung variiert, doch es läuft immer wieder auf dasselbe heraus – er treibt seinen Mitdarsteller zum Wahnsinn. Die ernst gemeinten, aber kaum merklichen Bemühungen des alten Mannes, sich zu bewegen oder etwas auszubessern oder zu reparieren, gehen dem anderen gewaltig auf die Nerven.

Gut, also, ich bin gestern ins Kaufhaus gerannt, um noch ein paar Weihnachtsgeschenke zu besorgen, und auf dem Weg nach draußen musste ich knirschend herunterbremsen, weil eine Herde betagter Sonntagsschüler angetreten war, Rasern Einhalt zu gebieten. Ich mag zwar ältere Herrschaften, hatte es aber fürchterlich eilig und nicht mehr viel Geduld übrig. Während sich die Gruppe Zentimeter für Zentimeter von der Tür die Treppe hinunter zum Parkplatz geschoben hatte, hörte ich mit an, welche Babypuppen für ausgewählte Enkelinnen gekauft worden waren, was den Einzelnen am Mittagessen besonders gut gemundet hat, und welche Auswirkungen ein solches Essens auf eine Vielzahl innerer Organe hatte (das Ganze untermalt durch Handbewegungen und besondere Klangeffekte).

Endlich fand ich ein Schlupfloch durch die schlurfende Seniorenbande, und als ich Richtung Wagen ging, dämmerte mir, dass ich schon lange nicht mehr gezwungen gewesen war, mich wie ein Faultier zu bewegen. Das letzte Mal, dass ich in meiner Bewegungsfreiheit derart eingeschränkt war, war in der Tat zu der Zeit gewesen, als ich noch mit unserem Jüngsten als Dreijährigem im Einkaufszentrum unterwegs war.

Eine Frau, die einen Zeitplan einzuhalten hat, sollte niemals versuchen, einen normalen und alltäglichen Einkauf mit einem Kleinkind an der Hand zu bewerkstelligen. Warum? Na gut, *Sie* haben gefragt.

Das durchschnittliche Kleinkind weint, schreit und quengelt auf der ganzen Fahrt zum Einkaufszentrum, aber wenn Sie schließlich, endlich abbiegen und einparken, schläft es augenblicklich in seinem Autositz ein. Dann lösen Sie die zahlreichen Schnallen vom Gurtwerk seines Kindersitzes, setzen den Kleinen in einen Sportbuggy – vorsichtig, damit sein Köpfchen nicht zur Seite fällt – und gurten reichlich Schnallendinger fest, damit der Nachwuchs in diesem neuen Räderwerk sicher ist.

Wenn Sie die schweren Glastüren des Einkaufszentrums erreicht haben, steht der kleine Entfesselungskünstler – der wundersamerweise aufgewacht ist und sich aus dem Sechzehn-Punkt-Gurt des Buggys befreit hat – auf der Sitzfläche. Er streckt sich liebevoll nach einem ominösen Teenager aus (der mit Dämonen-Tattoos und einem halben Dutzend Piercings protzt) und bittet: „Halt mich fest!“, wobei er sich im steilen Winkel aus dem Wagen lehnt. Unmittelbar bevor Ihr Kleiner auf den Betonboden knallt, schnappen Sie ihn sich und befördern ihn aus der Gefahrenzone. Erschöpft stellen Sie fest, dass sie bereits vor 30 Minuten den Wagen geparkt, aber es seitdem noch nicht einmal bis auf die andere Seite der Eingangstür geschafft haben.

Mir ist entfallen, wie oft ich mich wie ein Zombie durch das Spielwarengeschäft bewegt habe, wo mich meine Schätzchen mit einem verzückten „Will haben!“ von der Sektion „Grässliches“ zur Abteilung „Nutzloses“ führten. Aus dem Buggy war ein dekoratives Transportfahrzeug für die Windelpackung geworden, aus mir ein dekoratives Anhängsel meines Kindes, das vor langer Zeit beschlossen hatte, die Zügel in die Hand zu nehmen.

Einmal brauchte ich unbedingt eine Pause und kaufte mir und dem Spross Chicken Nuggets (als Stärkung vor dem langsamen Todesmarsch zurück ans Auto). Doch bald entdeckte ich, dass mein Schätzchen sich bereits einen kleinen Appetithappen besorgt hatte: Küchenschabe in Einzelteilen. Seine kleinen Finger hatten sie geschickt aus einer Ritze im Tisch gepickt, während ich mich die halbe Sekunde, die man braucht, um den Dip zu öffnen, mal eben abgewandt hatte. Ich gab ihm einen Schluck Milch in der Hoffnung, damit die Käfergifte auszuschwemmen. Er spuckte sie quer über den Tisch, direkt an den

Hinterkopf des Kellners – um damit auf seine drollige Art zu sagen: „Wo ist der *Deinhard*?"

Das Beste an einem Einkaufstrip mit kleinen Kindern ist, dass Sie danach auf ewig dankbar sein werden für die kleinen, zügigeren Segnungen des Lebens. Oh welche Wonne, sich einfach den Schlüssel und eine leichte Handtasche zu schnappen und wieder in der Stadt umherzuwetzen. Keine Schnallen, keine Tüten, keine Sportwagen, die Sie in Ihrer Entfaltung behindern oder Ihren Gang hemmen. Endlich sind Sie davon befreit, endlos lange Reihen Plastikspielzeug abzugehen. Sie können sogar beschließen, nie wieder vorgeformte, lauwarme Hähnchen-Trapeze zu essen!

***

Mir scheint, wir trudeln sehr gemächlich in dieser Welt ein, dann legen wir irgendwo auf der Strecke Tempo zu, bis wir die Lebensmitte erreicht haben und praktisch nur so durch unsere Tage rasen. Dann, ein paar Jahre später, wenn wir das Schild „Lebens-Ausgang" am Horizont erspähen, treten wir auf die Bremse und nehmen den Fuß langsam vom Gas. Wir machen eine möglichst langsame Sonntagsfahrt aus diesem Leben heraus. Wie heißt es so schön? „Dies ist ein neuer Tag. Oh Zeiger, rücke nur recht langsam vor!"

„Was soll die Hetzerei?", scheinen sowohl Kleinkinder als auch ältere Menschen – an jeweils einem Lebenspol – zu fragen. „Du könntest etwas Interessantes verpassen, wenn du zu schnell bist. Du könntest den Kopf einer Grille übergehen, oder einen Regenbogen, der in einer Öllache schimmert. Oder einen schönen Erbsensalat."

Der einzige Unterschied ist, dass die Alten uns mahnen, „innezuhalten und den Duft der Rosen zu riechen", während Kleinkinder sie einfach verspeisen.

***

Seht euch die Blumen auf den Wiesen an! Sie arbeiten nicht und kümmern sich auch nicht um ihre Kleidung.

Matthäus 6,28

Es geht nicht darum,
dass wir im Augenblick leben,
um in ihm aufzugehen.
Es geht vielmehr darum,
dass wir im Augenblick wirklich leben,
dass wir ihn erleben und erfüllen
und daraus das Leben gestalten.

Walter Wanner

Backrezept für Mütter

1. Heizen Sie den Ofen vor. Schauen Sie nach, ob sich keine Gummibälle oder Plastiksoldaten auf dem Blech verstecken.

2. Entfernen Sie Bauklötze und Spielzeugautos vom Tisch. Fetten Sie die Form ein. Knacken Sie Nüsse.

3. Messen Sie zwei Tassen Mehl ab. Nehmen Sie Johnnys Hand aus dem Mehl. Waschen Sie ihm das Mehl ab. Messen Sie neu Mehl ab.

4. Knacken Sie noch mehr Nüsse als Ersatz für die, die Johnny schon gegessen hat. Geben Sie Mehl, Backpulver und Salz in ein Sieb. Holen Sie den Mülleimer und kehren Sie die Scherben der Schüssel zusammen, die Johnny auf den Boden geworfen hat. Holen Sie eine andere Schüssel.

5. Schauen Sie nach, wer geklingelt hat. Gehen Sie wieder in die Küche. Nehmen Sie Johnnys Hände wieder aus der Schüssel. Waschen Sie Johnny ab. Gehen Sie ans Telefon. Und zurück in die Küche.

6. Entfernen Sie die dicke Salzschicht aus der gefetteten Form. Schauen Sie nach Johnny. Fetten Sie eine andere Form ein. Gehen Sie ans Telefon. Und wieder in die Küche. Suchen Sie Johnny.

7. Nehmen Sie die gefettete Form und entfernen Sie die Nussschalen daraus. Greifen Sie sich Johnny, der gerade vom Stuhl zu fallen droht und dabei die Schüssel vom Tisch stößt.

8. Putzen Sie Küchenfußboden, Tisch, Wände und Geschirr.

9. Rufen Sie beim Bäcker an und geben Sie eine Bestellung auf. Nehmen Sie zwei Aspirin und legen Sie sich hin. Vergessen Sie nicht, den Ofen auszudrehen!

9
Liebesbeweise

Welcher Mensch, der noch seine Sinne beisammen hat, würde freiwillig seine Hand ausstrecken, um darin Gaben wie ein halb zerkautes Sahnebonbon, ein frisch angeschnäuztes Taschentuch oder einen zappelnden Wurm zu empfangen?

Wer eilt einem Kind mit einem Magen-Darm-Virus zu Hilfe, wohl wissend, dass ihr Kleid, sobald sie bei dem Patienten angekommen ist, die Überreste der vorverdauten Pizza vom Vortag abbekommen wird?

Wer erliegt schließlich dem unablässigen Chor des „Ist er nicht süß?" und „Wir versprechen auch, ihn zu füttern", nur um eines Morgens aufzuwachen und zu wissen, dass nun alles, was mit der ach so niedlichen, fellbekleideten Kreatur zu tun hat, die „uns zugelaufen" ist, an ihr hängen bleiben wird?

Wer sonst als natürlich unsere Mütter.

Fulghum[4] beschreibt den einen Menschen in seinem Haus, der ihm höchste Bewunderung abverlangte, denn „sie konnte mit bloßen Händen – *mit bloßen Händen* – in den Ausguss greifen und jede Art von unbestimmter klebriger Masse aus dem Abflussrohr holen". Die Krönung war, als er einmal mitbekam, wie sie „*mit bloßen Händen* in die nasse Mülltüte griff und nach einem vermissten Teelöffel suchte – eine Art Mut der Verzweiflung. Sie fand den Löffel in einem Klumpen Kaffeesatz vermischt mit Resten von Rührei und Gemüsesuppe." Fulghum weiter: „Ich bin beinahe umgekippt, als sie ihn mir zum Abspülen gab."

Ohne jeden Zweifel wissen wir, dass diese tapfere Frau niemand anderes gewesen sein kann als Mama.

Wessen Spucke kann die wildeste Locke glatt streichen, die hartnäckigsten Marmeladereste aus dem Gesicht eines Fünfjährigen wischen und entzündete Schrammen auf der Stelle heilen?

Wer kann telefonieren, mit einer Hand eine Windel falten, mit einer erhobenen Augenbraue ein Kind zur Ordnung rufen, mit dem Ellenbogen die Tür zuschieben und gleichzeitig Beingymnastik betreiben?

Wer gerät in Panik, wenn die Dreijährige kreischt: „Schau mal, was ich gemacht habe!“, und atmet erleichtert auf, wenn sie erkennt, dass sich die Begeisterung auf den ordnungsgemäß eingeführten Inhalt des Töpfchens bezieht?

Wer beruhigt ängstliche Seelchen, säubert schmutzige Ohren, und wird zwar im Laufe der Jahre immer erschöpfter, aber auch lieber?

Wer tauscht die Abende mit Sekt und Rosen gegen Nächte mit Schrecken und nassen Kinderhosen?

Natürlich niemand sonst als unsere Mütter.

Was blieb uns nach diesem beeindruckenden Resümee über unsere Mütter anderes übrig, als in ihre mütterlichen Hausschuhe zu schlüpfen, als wir selbst das Erwachsensein erreicht hatten, Kinder zu gebären und ebenfalls Mütter zu werden? Allerdings fanden wir heraus, dass Muttersein meilenweit entfernt ist von unmittelbar eintretendem Erfolg. Dieser erfordert Wissen, Erfahrung und jede Menge Ferngespräche mit Muttern.

Ich erinnere mich an drei Gelegenheiten, wo ich unbedingt eine Mami brauchte: als ich sechs war und schlecht geträumt hatte; als die Mädchen in der Vierten nicht mit mir spielen wollten; und als ich mit 20 Jahren zum ersten Mal mit meinem Erstgeborenen allein war. Das Dasein als Mutter stand vor meinen inneren Augen wie eine qualvolle Ewigkeit voller Sorge. Ein Blick auf dieses zerbrechliche Kind, das selig in seiner Wiege schlief und sich der Gefahr, in der es schwebte, nicht bewusst war, und mir wurde schlagartig klar, dass seine bevorstehende Existenz ganz und gar von mir abhing. Ich fand, ich schuldete ihm zumindest eine Erklärung für die Bande, die uns zusammenhielten, und wie ich mit ihm da hindurchzukommen gedachte.

„Pass auf, Kleiner“, flüsterte ich dem schlafenden Persönchen zu, „ich sehe fürchterlich jung und naiv aus für diesen Mami-Job. Aber bleib schön da. Rühr dich nicht von der Stelle. Wach nicht auf. *Keine Panik!* Ich kann eine professionelle Echte Mami zu Rate ziehen, wenn die Dinge aus dem Ruder laufen und ich vergesse, wo ich dich hingelegt habe, oder dich mit einem Gläschen saurer Sahne füttere anstatt mit Babybrei, oder deinen wunden Windelpo mit Zahnpasta eincreme.“

Ich war heilfroh, dass sich meine Mutter in ihre Rolle als Oma nahezu euphorisch hineinfand und mir zeigte, wie ich mein kleines Bündel füttern und baden konnte und mir, was vielleicht am wichtigsten war, die Babysprache beibrachte. Dazu musste ich den Kopf des starrenden Babys in meine rechte Hand betten und mit hoher Stimme eine Sprache sprechen, die zu einem Drittel aus Deutsch, einem Drittel Geheimsprache und einem Drittel Kauderwelsch bestand: „Dutzi, dutzi, wie geht es unserem Bubi denn heute, hm? Heiteitei, feines Bläschen hattu da macht mit Schnuti-Schnuti."

Unter der fachkundigen Anleitung meiner Mutter wurde ich binnen relativ kurzer Zeit selber eine passable Mutter. Ich habe mein Kind nie verlegt, nie saure Sahne statt Babybrei gefüttert, und nur einmal die Zahnpasta mit Popocreme verwechselt. Scott erinnert sich noch an den Schreck, als er den Mund voll Desitin-Salbe hatte. („Du musst aber zugeben", sagte ich Jahre später, „dass du bisher nicht auch nur einen einzigen Ausbruch von Windelausschlag im Mund hattest, stimmt's?")

Als unser Ältester heranwuchs und ihm weitere Kinder Gesellschaft leisteten, mischte ich Profi, der ich nun war, mich unter andere Mütter. Ja nun, ich konnte jetzt eine Wickeltasche in weniger als fünf Sekunden packen und ein Nutellabrot so gut schmieren, dass ein Kind mitten im Heulen innehielt. Für das feucht-schmierige „Hat-schi!" eines Kleinkindes war ich in Taschentuch-Bereitschaft, und konnte mit einem einzigen Satz über einen Stapel Legos springen. (Für alle, die noch nie in dunkler Nacht barfuß auf einen Legostein getreten sind – also, das Springen lernt man schon!)

Als ich die monatelange Windpocken-Invasion und mindestens 24 mitternächtliche „Mami, mir tut der Bauch so weeeeeeh!"-Rufe überlebt hatte, wusste ich, dass ich mein Mami-Verdienstabzeichen verdient hatte und mich in jeder Spielgruppe behaupten konnte.

Jetzt bin ich 40 Jahre alt. Wie *konnte es* dazu kommen? In zwei kurzen Monaten wird mein Ältester 20. (*So* kommt das. Mein Kind hat mich altern lassen.) Zachary wird dann genauso alt sein wie ich, als ich seine Mutter wurde. Kaum zu glauben. Unter passenden Umständen – mit einer Frau und einer Stelle – könnte mein Baby selber ein Baby haben.

Derzeit ist Zach glücklich allein stehend und sucht noch seinen Weg in dieser Welt. Heirat und Kinder liegen für ihn noch in weiter Ferne.

Heute erzählte er mir allerdings bei einer seiner Stippvisiten, wie viel Spaß er an den Babys von etwas älteren Bekannten hat. Wie gerne er sie auf den Arm nahm und sie auf und ab schaukelte, bis sie glucksten und quiekten. Wie weich ihre Haut doch war und wie völlig vertrauensvoll sie gegenüber den Großen waren.

„Irgendwann ...“, sagte er mit abwesendem Blick.

„Irgendwann ...“, antwortete ich. „Und Zach, du wirst ein wunderbarer Vater sein.“

„Danke, Mami“, erwiderte er mit einem dankbaren Grinsen.

Ich stand auf, legte ihm Hand auf die Schulter und fühlte mich heiter und gelassen in meiner Rolle als „Mama / Irgendwann-Oma“.

Dann krempelte ich die Ärmel hoch, ging in die Küche und fischte als stumme Geste der Dankbarkeit gegenüber meiner eigenen Mutter (alias „Eines Tages Uroma“) resolut den Schmodder aus dem Ausguss – *mit bloßen Händen.*

***

Ihre Söhne reden voller Stolz von ihr ...
Es gibt wohl viele gute und tüchtige Frauen,
aber du übertriffst sie alle.

Sprüche 31, 28-29

Im Namen des Mutter- und Vaterseins
tun Eltern eine Menge unfeiner Dinge.
Ganz egal, auf welcher sozialen Stufe Sie sich befinden -
wenn Ihnen ein Kind einen Schuh mit einem Knoten
im Schnürsenkel hinhält, der den ganzen Tag
(worin auch immer) durchweicht wurde,
stecken Sie ihn instinktiv als Erstes in den Mund
und versuchen, den Knoten mit den Zähnen aufzukriegen.

Erma Bombeck

Echte Mütter

Echte Mütter essen keine Quiche; sie haben keine Zeit, welche zu machen.

Echte Mütter wissen, dass ihre Küchenutensilien vermutlich im Sandkasten sind.

Echte Mütter haben oft klebrige Fußböden, schmierige Backöfen, und glückliche Kinder.

Echte Mütter wissen, dass vertrocknete Knete nicht aus einem Flokati-Teppich geht.

Echte Mütter wollen gar nicht wissen, was der Staubsauger gerade aufgesaugt hat.

Echte Mütter fragen manchmal: „Warum ich?“ und erhalten ihre Antwort von einer kleinen Stimme: „Weil ich dich *so* lieb habe!“

Echte Mütter wissen, dass sich das Wachstum eines Kindes nicht an Körpergröße oder Alter oder Schuljahr ablesen lässt. Es ist gekennzeichnet durch den Übergang von „Mama“ zu „Mutter“.

10
Kinderperspektive

Manchmal, wenn ich einen Vortrag vor Frauen halte, erkläre ich, was das Wort „erniedrigen“ für mich bedeutet. Vor allem was es bedeutete, dass Christus „sich selbst erniedrigte“, uns zuliebe.

„Was machen Sie ganz automatisch, wenn ein Kind zu Ihnen an die Tür oder ins Klassenzimmer kommt“, frage ich, „und Sie wollen eine unmittelbare Verbindung zu ihm oder ihr herstellen?“

In der gesamten Zuhörerschaft höre ich Frauen murmeln: „Mich bücken“ oder: „Mich zu ihnen beugen.“ Genau, nicht wahr? Das geht automatisch. Als Gott mit Menschen in Verbindung treten wollte, schickte er seinen Sohn zu uns auf die Erde herunter, um uns auf gleicher Höhe, Auge in Auge zu begegnen.

Genauso bücken wir uns herunter zu einem kleinen Kind, wenn wir mit ihm Verbindung aufnehmen. Und mehr noch – wir versuchen, das Leben von ihrem niedrigen Blickwinkel aus zu betrachten. Doch sogar wenn wir glauben, wir verstehen, was sich im Kopf eines Kindes abspielt - irgendwie schaffen sie es immer wieder, uns zu zeigen, wie falsch wir damit liegen.

Meine Mutter erzählt gerne, wie meine damals dreijährige Tochter erklärt, warum wir von einer Ecke des Landes in die andere zogen: „Gabeys Windel war dreckig“, erzählte Rachel ihrer Oma sachlich. Dann seufzte sie und zog den Schluss: „Wir mussten umziehen.“ Nach Rachels stark eingegrenzter Weltsicht gab die schmutzige Windel den letzten Ausschlag. Uns blieb keine andere Wahl, als uns 300 Kilometer weit von der unverzeihlichen Schweinerei zu entfernen.

Ein anderes Mal hatte meine Mutter während einer Autofahrt Gabe auf dem Beifahrersitz. Auch er war damals etwa drei. (Ich sage ja schon immer, dass Dreijährige den meisten Humor pro Quadratzentimeter hervorbringen. Ich bin dafür bekannt, dass ich mir bei Freunden die Dreijährigen ausborge, um wieder Schreibstoff zu bekommen.) Der Verkehr war schrecklich, Autos stauten sich auf allen größeren Straßen, um nur ja der Stadt zu entkommen. Gabe schaute zu meiner Mutter hinüber und bot ihr seine beste Erklärung für das Chaos an: „Omimi", kam es schleppend, „keiner weiß, wo er zu Hause ist."

Ich mag die Geschichte von der Großmutter, die auf ihr kleines Enkelkind aufpasste. Als sie Bilder ausmalten, wollte die Oma ein wenig Erziehung einfließen lassen. Sie hielt einen Buntstift hoch und fragte ihre Enkelin: „Welche Farbe ist das?" Das kleine Mädchen antwortete gehorsam: „Das ist rot." Dann nahm die Großmutter einen anderen Buntstift und fragte: „Und kannst du mir sagen, was für eine Farbe das ist?" Wieder antwortete das Mädchen richtig: „Das ist blau, Oma." So ging das eine ganze Zeit weiter, bis das Kind verzweifelt entgegnete: „Oma, ich glaube, ein paar solltest du wirklich selber herausbekommen!"

Kinder betrachten die Welt ganz anders, und selbst wenn Sie nicht mit ihrem erfrischend neuen Standpunkt übereinstimmen, können Sie doch Augenblicke ungetrübten Vergnügens genießen. Was ich an der Perspektive von Kinderaugen besonders bewundere, ist ihr ungebändigter Optimismus, den das Negativdenken der Welt noch nicht anficht. Sie sehen alles, was geschieht, im besten Licht und glauben daran, dass alles den bestmöglichen Ausgang nimmt.

Vor Jahren besuchte ich eine gute Freundin. Lindsey hat vier Kinder – in gleichmäßigen Abständen vom Kindergartenkind bis zum Führerscheinalter. Die Jüngste, Allison, erobert jedes Herz im Sturm. Die Treppe ins Obergeschoss geht vom Wohnzimmer aus, und eines Abends passierte es mir, dass ich beim Herunterkommen ausrutschte und kopfüber die ganze Treppe hinunterkullerte.

Ich landete unten wie ein Häufchen Elend – gerade rechtzeitig, um Allisons Schlafanzugfüße zu sehen. Einen Augenblick lang war alles ruhig. Sie starrte mich mit etwas verwundertem Interesse an; ich hatte Mühe, zu Atem zu kommen. Schließlich unterbrach Allie die Stille, legte sich mit dem Gesicht nach oben auf den Teppich, rollte sich wie ein kleiner Ball zusammen und streckte die Füße hinter den Kopf.

„So", sagte sie freundlich in ihrer gestauchten Haltung mit dem Gesicht an den Kniescheiben, „kannst du *das* auch?"

Und plötzlich ging es mir viel, viel besser.

Es erinnerte mich an den Optimismus des kleinen Jungen, dessen Fußball-Mannschaft mit 6 Toren zurücklag. Als er gefragt wurde, ob ihn das entmutige, trällerte der kleine Kerl fröhlich: „Ach was. Wir haben ja noch eine zweite Halbzeit."

Oder die Kleine bei der Theaterprobe, deren Mutter sich Sorgen machte, dass ihre Tochter keine Rolle bekommen würde. Bis ihre Kleine mit großer Begeisterung verkündete: „Sie haben mich ausgewählt – ich darf klatschen und anfeuern!"

Die unglaubliche Art, wie Kinder das Leben durch Linsen in Regenbogenfarben betrachten, weckt an manchen Tagen den Wunsch in mir, auf den Knien zu krabbeln, nur um die Welt so zu sehen wie sie.

Schon ganz kleine Kinder haben ein solches Vertrauen. Bevor wir es zerschlagen, indem wir ihren Stolz zu bändigen versuchen, glauben sie, das Universum gehöre ihnen, damit sie es umarmen und verstehen. Nichts liegt außerhalb ihrer Reichweite. Ein kleiner Junge malte im Kindergottesdienst ein Bild. Und was wollte er malen? Den Allmächtigen Gott. Ja, er nahm sich den Schöpfer der Welt selbst vor und wollte ein Bild von Gott malen. Als die Leiterin das merkte, sagte sie freundlich: „Aber Schätzchen, es weiß doch keiner, wie Gott aussieht." Ungerührt malte das Kind weiter und machte nur eine ganz kurze Pause, um ihr zu versichern: „Wenn ich fertig bin, wissen's alle."

Neulich, auf einer Fahrt ins Blaue, erzählte meine Schwester Rachel von Dylan, fünf Jahre, der ihr ganz ernsthaft zu erklären versuchte, wie die Hierarchie bei beliebten Comichelden funktionierte.

„Wussten Sie schon", stammelte er aufgeregt, „wenn der *Weiße* Ranger nicht da ist, ist der *Grüne* Ranger der Anführer, und wenn der *Grüne* Ranger nicht da ist, dann ist der *Rote* Ranger der Anführer, und wenn der *Rote* Ranger nicht da ist, dann ... dann ..." Dylans Blick suchte angestrengt nach seiner verlorenen Erinnerung und er zermarterte sich das Gehirn. Dann verkündete er mit frischer Autorität: „Also, der Rote Ranger muss einfach immer da sein."

In den Augen eines Kindes gibt es keine Vorkehrungen für ein Leben ohne den Roten Ranger. Er *muss* da sein, sonst ist das Comicreich zum Undenkbaren, Unvorstellbaren verdammt.

Während ich mir solche kleinformatigen Gedankengänge durch den Kopf gehen lasse, erkenne ich, dass in ihren winzig kleinen

Gemäuern ziemlich riesige Wahrheiten umherflitzen. Und wie das buntstiftbewehrte Kind sagte, sollten wir einige dieser Dinge mittlerweile selber herausbekommen haben. Welche Dinge? Wie wäre es mit...

1) Wegziehen, von Rachel: Manchmal muss man einfach zugeben, dass der Schlamassel, in dem man gelandet ist, zu groß ist, und etwas anderes in Angriff nehmen.

2) Tiefschürfende Gedanken, von Gabe: Vielleicht haben zu viele von uns auf der belebten Schnellstraße des Lebens vergessen, wo zu Hause ist.

3) Ausdauer, von Allie: Nachdem wir nun schon hingefallen sind und uns darüber geärgert haben, wie wäre es mit Aufstehen und etwas anderes, Wunderbares tun?

4) Optimismus, von dem kleinen Sportler: He, es ist doch noch nicht vorbei, ehe die zweite Halbzeit gespielt ist.

5) Bescheidenheit, von der Möchtegern-Schauspielerin: Wenn Sie für die Zuschauerseite des Lebens ausgewählt wurden, nehmen Sie diese Ehre dankbar an – und klatschen und jubeln Sie, was das Zeug hält.

6) Theologie, von unserem kleinen Comicexperten Dylan: Es lohnt sich nicht einmal, über das Leben nachzudenken, ohne den Großen Lenker, der alles unter Kontrolle hat. Es *muss* einen unbesiegbaren Helden geben, der gegen das Böse ankämpft, oder die Welt ist auf unvorstellbare Weise verdammt.

Und wenn Sie nicht wissen, wer dieser Held ist, kenne ich noch einen kleinen Jungen, der Ihnen liebend gern ein Bild von ihm malen würde.

***

Aus dem Munde der Kinder erklingt dein Lob.

Psalm 8,3

**So ziemlich jede wirkliche Wahrheit
in der Welt wird
von Kindern ausgesprochen.**

Oliver Wendell Holmes

Rücktritt vom Erwachsensein

Ich bekunde hiermit offiziell meinen Rücktritt aus dem Erwachsenendasein.

Ich habe beschlossen, dass ich gern die Verantwortlichkeit eines Achtjährigen wieder übernehmen würde.

Ich möchte zu McDonald's gehen und glauben, es sei ein Vier-Sterne-Restaurant.

Ich möchte Stöckchen über eine frische Schlammpfütze segeln lassen und einen Bürgersteig aus Steinen bauen.

Ich möchte glauben, Smarties sind besser als Geld, weil man sie aufessen kann.

Ich möchte an einem heißen Sommertag unter einer Eiche liegen und mit meinen Freunden einen Limonadenstand betreiben.

Ich möchte in eine Zeit zurückkehren, als das Leben noch einfach war.

Ich möchte glauben, die Welt ist gerecht. Jeder ist aufrichtig und gut. Ich möchte glauben, alles ist möglich.

Ich möchte mir der Vielschichtigkeit des Lebens nicht bewusst sein und mich wieder herzlich über die kleinen Dinge freuen können.

Ich möchte nicht, dass mein Tag aus Computerabstürzen, Papierbergen, erschütternden Nachrichten, Fragen, wie man so viel Monat überleben kann, wenn nur noch so wenig Geld im Beutel ist, Arztrechnungen, Klatsch, Krankheit und Verlust geliebter Menschen besteht.

Ich möchte glauben an die Macht eines Lächelns, an die Macht von Umarmungen, freundlichen Worten, von Wahrheit, Gerechtigkeit, Frieden, Träumen, an die Fantasie, die Menschheit und an Engel-Abdrücke im Schnee.

Also ... hier ist mein Scheckbuch und mein Autoschlüssel, meine Kreditkarte und meine Steuererklärung. Ich lege mein Amt als Erwachsener offiziell nieder. Und wer darüber weiter diskutieren will, muss mich erst einmal fangen, denn ...

Klatsch! „*Du* bist's!“

11

Bevor es ‚Die Maus' gab: Kinderspiel in prähistorischer Zeit

Meine Schwester Rachel, ihr fünfjähriger Sohn Trevor und ich hatten gerade ein Footballspiel der siebten Klasse angeschaut, in dem mein Sohn Gabe fünf – ja, *fünf*! – Touchdowns mit dem Ball geschafft hatte. Als Gabe seine verschwitzte, trickotbewehrte Hülle auf dem Beifahrersitz niederließ, herrschte verständlicherweise eine feierliche Stimmung. Klein-Trev verschlug es vor Bewunderung schier die Sprache, als Gabe seinem Cousin das Haar zerzauste. Noch besser, als in einem einzigen Spiel fünf Touchdowns zu machen ist, einen Ein-Mann-Fan-Club zu haben.

„He, Gabe", sagte meine Schwester, „ich glaube, das muss mit einem Eis gefeiert werden."

Gabe grinste zustimmend. Trevor rief begeistert: „Au ja!" Dieses Kind ist immer für alles zu haben, was nach Abenteuer schmeckt – oder nach Zucker.

Minuten später steuerte ich meinen blassroten Geländewagen (wir nennen ihn „Getrocknete Tomate") auf den Parkplatz einer kleinstädtischen Eisdiele.

„Schau mal, Trev", sagte ich, als ich einen eingezäunten Platz neben der Eisdiele bemerkte, „da ist sogar ein Spielplatz für dich!"

Als wir aus dem Wagen stiegen und zur Eisdiele gingen, wurde uns schnell klar, dass die Planer dieses Schnellimbiss-Spielbereichs Minimalisten waren. Der Boden bestand aus losen Kieselsteinen, und aus diesen Kieselsteinen ragten vier Stöcke mit Lenkrädern wie Sonnenblumenstiele heraus. Keine vorgeblichen Flugzeuge, Eisenbahnen oder Autos. Einfach nur vier Stöcke mit Lenkrädern auf Stein – wie Lenkrad-Lutscher.

„Na, so was", kommentierte meine in der Großstadt lebende Schwester, „auf dem Land erwarten sie wohl, dass man seine Fantasie gebraucht."

Ich unterdrückte ein Lachen, aber Rachel war jetzt groß in Form. Sie steckte die Daumen in ihre Gürtelschlaufen und imitierte einen Hinterwäldler. „He, Beck, ich höre geradezu die Spielplatzarchitekten sagen: ‚Verderbt mir bloß nicht die Kids. Sie brauchen nicht all den neumodischen Spielkram. Nicht so 'ne glänzende Rutsche oder 'ne Heiteitei-Schaukel. Reicht doch schon 'n Stock mit 'nem Lenkrad dran.'"

Jetzt musste ich laut lachen. Wir gingen in die Eisdiele und bestellten Eiswaffeln mit Schokoüberzug für alle. Als Trevor rausging, um das Beste aus den unterhaltsamen Lenkrädern-am-Stiel zu machen, ließ ich meine Gedanken schweifen und überlegte, was ich als Kind für Lieblingsspielzeug hatte.

„Rachel, denk mal an all das Spielzeug, das wir hatten, als wir klein waren – die Barbies und Brettspiele und Federball ... Ich muss zugeben, meine liebsten Spielsachen waren nicht die aus vorgeformtem Kunststoff. Es waren meistens alles ganz einfache Naturmaterialien."

„Wie was?"

„Na ja, ich habe gerne Matschekuchen gemacht, vor allem bei Oma."

„Stimmt", erinnerte sich Rachel, „sie hatte die beste Erde – auch in den unterschiedlichsten Farben."

„Ja, dieser rote Ton gab die beste Zuckerglasur."

„Und die bunten Steinchen eigneten sich bestens zum Dekorieren."

„Aus Omas Hinterhof stammen ein paar meiner schönsten Kindheitserinnerungen."

Rachel nickte. „Weißt du noch, die Leguanbabys? Sie waren wie winzige Plüschtier-Dinosaurier. Damals fand ich sie so niedlich. Aber eigentlich waren sie als Spielzeug nicht wirklich geeignet. Wusstest du, dass sie gefährdet sind?"

„Nein! Sie waren sooooooooooo süß! Oma passte immer auf wie ein Schießhund, wenn sie im Blumenbeet Unkraut jätete. Mit einem

Leguanbaby waren wir stundenlang glücklich beschäftigt. So hatte Oma wahrscheinlich mehr Zeit zum Kochen und Saubermachen als eine durchschnittliche Mutter eines Dreijährigen mit einem ganzen Stapel Videos."

„Tja, gab es für Mütter ein Leben vor der ‚Maus'?

„Sie gaben uns Erde und Wasser und Stöcke und einen großen Hinterhof und schickten uns spielen."

„Genau."

Ich dachte zurück. Und es war damals gar nicht mal so übel, wie ich mich erinnerte. Es hatte etwas Wundersames, aus alten gefällten Bäumen eine Festung zu schaffen, oder im Gras Matschschlösser für Käfer und Grillen zu bauen. An Sommerabenden rannte man unter dem Regenguss des Rasensprengers hindurch oder fing Glühwürmchen („Mücken mit Taschenlampen") in einem Mayonnaiseglas. Wenn der Winter sich einstellte und wir gezwungen waren, drinnen unsere Fantasie walten zu lassen, hielt mich der Bau von Schuhkartonhäusern für meine Püppchen so manchen Nachmittag gefangen. Ich bettelte eifrig um Garnrollen als winzige Hocker und Stühle, machte aus Papier-Backförmchen Lampenschirme, und deckte kleinste Tische mit Tellern aus Knöpfen und Bechern aus Fingerhüten. So ein eigenes kleines Königreich zu erschaffen, faszinierte mich einfach.

Dann, zu einem Geburtstag, nahm meine Mutter ein altes Bücherregal und machte daraus ein prunkvolles Puppenhaus. Sie nähte sogar hellrosa Vorhänge und winziges Bettzeug mit Spitzenbesatz. Zuerst war ich bezaubert davon, wie schön es war. Alles, was meine Mutter gemacht hatte, war perfekt und sah so professionell, so hübsch und adrett aus. Dann jedoch sank mir, was mich selber überraschte, das Herz, als ich merkte, dass man vermutlich von mir erwartete, tatsächlich mit dem Puppenhaus zu *spielen* – wo ich doch eigentlich viel, viel lieber ein Puppenland nach meinen eigenen Vorstellungen *erschaffen* wollte. Nicht das erschaffene *Produkt* war das, was ich liebte, sondern der Schaffens-*Prozess*.

Ich laufe zwar Gefahr, dass ich klinge wie meine eigene Großmutter – aber irgendwie schien das Leben einfacher, als ich noch ein Kind war, vor der Invasion von Einkaufszentren und Privatfernsehen. Einen Fernseher gab es, aber der war selten an. Wir spielten lieber mit Freunden oder allein. Als ich zehn oder elf war, brachte Mutter allen Nachbarkindern Kartenspiele bei. In jenem Sommer floss Brause in Strömen, als wir um den Küchentisch herumsaßen und jedes Mal in kaum zu bändigende Lachsalven ausbrachen, wenn meine Mutter wieder mit der bösen Pik-Dame geschlagen war.

Meiner Mutter verdanke ich diese Gabe des „Gewusst wie". Sie brachte mir bei, wie man ein Puzzle zusammensetzt, wie man Spiele spielt und aufs Geratewohl einen Kuchen backt. Sobald ich alt genug war, Mehl zu sieben, durfte ich backen, was immer mir am Samstagnachmittag einfiel. Ich vermengte gerne Mehl, Zucker, Eier, Kakao und Butter zu einem essbaren Kunstwerk. Viele Nachmittage verbrachte ich unter der Woche damit, Rezepte abzuschreiben und Backbücher durchzublättern und zu schauen, was ich am Samstag backen könnte.

Als ich 12 wurde, nahm meine Mutter mich und meine Freundin mit auf ihr Zimmer und gab jeder vier Meter Stoff und ein Schnittmuster für einen Trägerrock. Es brauchte ein paar Fehlversuche, bis ich den Bogen mit dem Nähen raus hatte, und ich vergoss manche Träne schierer Enttäuschung, während ich schwankte zwischen der Möglichkeit, das Kleid in den Mülleimer zu werfen oder es widerstrebend noch einmal zu versuchen. Wieder und wieder nähte ich mich bis zum Ausschnitt vor, den meine Mutter nur immer wieder mit dem Ausspruch kommentierte: „Wie du nähst, so wirst du auftrennen." (Das Kleid ohne Ausschnitt wäre eigentlich gar keine schlechte Erfindung. Ich hätte es anbieten können als „Die perfekte Lösung für Teenager mit Schmalzlocken – nie mehr Angst vor Pickeln und hässlichen Brillen. Das ‚Kleid ohne Ausschnitt' verbirgt alles. In Liebe handgenäht von Becky.") Trotz meines Verdrusses barsten meine Freundin und ich schier vor Stolz, als wir schließlich in die Kleider aus eigener Herstellung schlüpften.

Wir wissen doch genau, wie wir es als Kinder genossen, unsere eigenen kleinen Welten zu ersinnen und zu erschaffen – aus wenig mehr als aus „chaotischem Urstoff". Warum fühlen wir modernen Eltern des neuen Jahrtausends uns nur so genötigt, unseren Kindern fertige Vergnügungen zu kaufen?

Ich schaute zur Eisdiele hinaus und sah, wie mein Neffe begeistert an dem Rad-am-Stiel kurbelte. Vermutlich verwandelte sich dieses einfache Rad in seiner Vorstellung gerade in das Lenkrad eines 7,5-Tonners, das Steuer eines U-Boots oder das Cockpit eines Überschall-Flugzeugs. Wie auch immer, er hatte offenbar seinen Spaß.

Vielleicht, ja vielleicht brauchten wir nie wirklich mehr als ein paar Steine, einen Stock und ein Lenkrad.

***

Seht euch die Vögel an! Sie säen nichts,
sie ernten nichts und sammeln auch keine Vorräte.
Euer Vater im Himmel versorgt sie.
Meint ihr nicht, dass er sich um euch
noch viel mehr kümmert?

Matthäus 6,26

Einfachheit, Einfachheit, Einfachheit!
Ich sage dir, beschränke deine Geschäfte
auf zwei oder drei,
nicht hundert oder tausend ...
und führe Buch auf deinem Daumennagel.

Henry David Thoreau

Zum Kind heranwachsen

Ich habe ein ganzes Buch darüber geschrieben, wie man sich den kindlichen Blick auf das Leben und auf Gott bewahrt. Während des Schreibens kam mir ein kleines Liedchen in den Sinn, wie ich den Rest meines Lebens mit mehr kindlicher Freude verbringen wollte. (Eines Tages plane ich ein ganzes Album mit solchen Melodien und nenne es: „Liedchen von Becky: Songs, die Ihren Kindern peinlich sind".) Stellen Sie sich vor, Sie wagen beim Singen ein kleines munteres Tänzchen. Als Sänger würde ich Louis Armstrong auswählen, wenn ich dieses Stück produzieren sollte. Singen Sie also zum Dank an das Himmelszelt mit fröhlicher Stimme und so etwa mit dem Schwung von *Wunderschön ist die Welt:*

Zum Kind heranwachsen

Wunderwerk am Pfützendamm,
ein Märchenschloss aus Sand und Schlamm,
Freudensalute aus Kaugummischnute –
oh, das Leben wie ein Kind zu seh'n!

„Hab-dich-liebs" bunt wie der Regenbogen,
„Tut mir Leids" so ehrlich und ungelogen,
Riesenbärenumarmung, noch ein Kuss, „Jetzt schlaf gut!" –
Lieben, wie nur ein Kind es tut!

„Lasst die Kinder zu mir!",
ruft er und breitet die Arme aus.
Haltet mich jetzt nicht auf,
ich komm, ja, ich komm –
denn im Herzen bin ich ein Kind.

Tief aus dem Bauch will ich lachen
Wage es, den Clown zu spielen –
Nein, groß, erwachsen will ich nicht mehr sein
Denkt nur, ich werde wieder k
l
e
i
n

Oh yeeeaaaaahhhh.
(ta-tammm-TAMM!)

12
Große Ratschläge kleiner Therapeuten

Immer wieder einmal fällt mir auf, wie sorgsam heute Eltern darauf bedacht sind, mit ihren Kindern so zu reden, dass sie eventuelle psychologische Folgeschäden unbedachter elterlicher Äußerungen von vornherein vermeiden. Die Kommunikation zwischen Eltern und Kind hat sich vom einfachen „Komm mal her" und „Lass das" um Lichtjahre entfernt. Heutzutage führen Eltern mit ihren Kindern Diskurse, wie sie nur einem Psychoanalytiker gefallen könnten. Warum fühlt sich unsere Generation verpflichtet, unseren Kindern jeden normalen Alltagsschritt wie eine wohl zu erwägende und bewusst frei und unabhängig zu treffende Lebensentscheidung zu unterbreiten? „Herzchen, wenn du mit dieser kreativen Tätigkeit fertig bist, in die du gerade vertieft bist, würde es dir etwas ausmachen, wenn ich dich bäte, allmählich darüber nachzudenken, ob du dich darauf einstellen möchtest, vorbereitende Maßnahmen für das Zubettgehen einzuleiten?" Was ist bloß mit dem einfachen „Zeit zum Schlafen, mein Schatz" passiert?

Wirklich erheiternd ist es, wenn unsere Kinder uns gegenüber auch so ein Psycho-Gelaber loslassen. Ich war in einem Supermarkt und sah im Gang mit den Reformprodukten zufällig einen kleinen Jungen, der friedlich im Einkaufswagen saß, während seine besorgte Mutter das Angebot von Mitteln gegen vorzeitiges Altern, Haarspliss, Herz- und Nervenschwäche und dies und jenes durchging.

Und bekam mit, wie das Kind mit dem Einfühlungsvermögen eines ausgebildeten Therapeuten fragte: „Mama, bist du glücklich?"

„Ja, schon, Jonathan", entgegnete sie bedächtig. „Eigentlich ja."

„Bist du ganz, ganz glücklich?"

„Ja, Schatz", wiederholte sie geduldig, „ich bin ganz, ganz glücklich."

Ich konnte mir nicht verkneifen zu denken: *Das riecht doch sehr nach Transaktionsanalyse. Das Kind stellt sicher: „Ich bin okay, Mama ist okay", bevor er zu einem egozentrischen Schlag ausholt.* Ich hatte Recht.

„Sehr schön, Mami", nickte das Kind zustimmend, „denn ich muss dir mitteilen, dass ich wirklich aus diesem Laden raus muss. Und zwar jetzt. Ich bin müde und ich werde gleich böse mit dir."

Allerdings muss ich zugeben, dass ich selbst nur allzu gut weiß, wie es ist, Empfängerin eines solchen Feedback von einem Psychologen im Kleinstformat zu sein.

Eines Abends, als die Kinder noch klein waren und es ewig lang Theater ums Schlafengehen gab und vom lange arbeitenden, erfolgstrebenden Papi keine Hilfe zu erwarten war, war ich mit meiner Geduld am Ende. Ich schickte die Jungen ins Bett, ließ Rachel auf die Couch plumpsen und verdonnerte sie, da liegen zu bleiben, bis ich wieder einen klaren Kopf hätte. Ich belud zornig den Geschirrspüler und grummelte die ganze Zeit vor mich hin, bis mein Ärger verraucht war wie ein Ballon ohne Luft. Rachel merkte, dass es in der Küche etwas ruhiger zuging, und linste tapfer über die Sofalehne. Sie lächelte wissend und sagte in mütterlichem Ton:

„Mami, willst du jetzt wieder lieb sein?"

Als ich mit einer Freundin darüber schmunzelte, wie Kinder sich manchmal wie kleine Erwachsene aufführen, erzählte sie mir folgende Begebenheit mit einem ihrer Enkel. Die ganze Sippschaft hatte in einem mexikanischen Restaurant gespeist. Nach einer langen, reichlichen Mahlzeit reckte ihr jüngster Enkel den Arm hoch und winkte mit dem Selbstbewusstsein einer kleiner Berühmtheit den Kellner herbei. „Herr Ober", sagte er, und allen am Tisch blieb der Mund offen stehen, „die Enchiladas waren *exzellent*."

Gelegentlich gibt mir meine Mutter eine Geschichte der altklugen Enkel von gemeinsamen Freunden weiter. Der jüngste Bericht veranschaulicht den Psycho-Grips der derzeitig kniehohen Generation. Anscheinend war die dreijährige Enkelin unserer Freundin, Abby, vor kurzem in den Kindergarten gekommen. Ein kleiner Junge aus ihrer Gruppe hatte Abby offenbar ganz schön zugesetzt. „Heute hat er mich sogar geschubst", heulte Abby ihrer Mutter vor und streckte verärgert ihre kleinen Ärmchen aus.

„Oh je!“, sagte die die Mutter mitfühlend. „Was hast du zu ihm gesagt?“

Abby stemmte die Arme in die Hüften und erklärte unmissverständlich: „Ich habe zu ihm gesagt: ‚Okay – keine Gewalt!‘“

Das gefällt mir. Doch ich fürchte, dass unsere Vierjährigen über kurz oder lang in Früherziehungsprogrammen „Meine Rechte im Kindergarten“ sitzen, „Belästigungs-Diagramme“ ausmalen und Klagen über „unrechtmäßiges Schubsen“ zuordnen.

Aber selbst wenn Selbsthilfejargon und Juristendeutsch allmählich schon in den Wortschatz von Kindergartenkindern einsickert – es kommt immer noch so viel Entzückendes und Unschuldiges und Entwaffnendes aus Kindermund, das einem aufrichtigen Durchschnittserwachsenen ohne Vorwarnung die Logik wegpusten kann.

Der Großvater der eben erwähnten Abby ist Taylor. Er sieht aus wie der Nikolaus (ohne Bart), ist von Beruf Anwalt und die Gutherzigkeit in Person.

Eines Abends, als wir alle am Küchentisch meiner Eltern beisammen saßen, erzählte Taylor: „Als neulich das Wetter so schön war, nahm ich meinen kleinen Enkel und ging mit ihm in den Park. Der Ausflug machte ihm offensichtlich sehr großen Spaß, doch irgendwann hörte er plötzlich auf zu rennen und zu schaukeln und zu rutschen, lief zu mir und stützte sich mit beiden Ellenbogen auf meine Knie. Dann schaute er mit verträumten Augen zu mir auf und fragte: ‚Opa, können wir für immer hier bleiben?‘“

„Was haben Sie geantwortet?“, fragte ich. Mit der Weisheit des Alters antwortete der gestandene Anwalt, jetzt Großvater: „Wenn du möchtest, gewiss.“

Manchmal verfliegen unsere größten Bemühungen, ideale Eltern zu sein, wie sie im Buche stehen, durch ein einziges Kind, das mit großen Augen am Ärmel unseres Herzens zerrt.

So, nun analysieren Sie schön.

***

Als ich ein Kind war, redete, dachte und urteilte ich wie ein Kind.

1. Korinther 13,11

Was Kinder von Erwachsenen erwarten ist nicht, „verstanden" zu werden, sondern geliebt, selbst wenn diese Liebe unbeholfen oder als Strenge verkleidet daherkommt.

Carl Zucker

Psychologie im Kleinformat

Du kannst dich anstrengen, wie du willst – du kannst eine Katze nicht taufen.

Wenn deine Mama auf deinen Papa sauer ist, pass auf, dass sie dir nicht gerade jetzt die Haare kämmt.

Wenn dich deine Schwester schlägt, schlage nicht zurück. Sie geben immer dem Zweiten die Schuld.

Du kannst einem Hund zwar befehlen, auf dein Essen Acht zu geben – aber es geht schief.

Ein Bleistift ohne Radiergummi könnte genauso gut ein Kuli sein.

Teil III

Heim für verwirrte Mütter

13
Verrückte Mütter gesucht

Man schrieb das Jahr 1950. Ein Junge wollte einen Super-8-Film für ein Projekt seiner Pfadfindergruppe drehen. Und seine Mutter gehörte nicht zu denen, die sagen: „Geh raus spielen; ich will so was nicht im Haus haben." Sie überließ ihm die Wohnung – er durfte daraus sein Filmstudio machen: Möbel verrücken, Vorhänge und Kulissen von den Decken hängen. Sie kaufte einen Vorrat an Kirschen und schüttete sie in einen Schnellkochtopf, wenn er einen rot verschmierten Kerl brauchte. Sie half ihm Kostüme zu machen und trat sogar in seinen Filmen auf. Der Name des Sohnes? Steven Spielberg.

„In kreativen Familien", so las ich irgendwo, „liegt ein anderes Lebensgefühl in der Luft; da ist mehr Raum zum Atmen."

Das ist etwas, das ich an weitherzigen verrückten Frauen wie Mama Spielberg bewundere, an Frauen, die zum Takt einer anderen Trommel tanzen und ihrem Nachwuchs erlauben, fröhlich und ungezwungen in diesem Tanz mitzuwirbeln (in sicheren Grenzen natürlich). Eines meiner Lieblingsposter zeigt ein leuchtend lila gefärbtes wolliges Schaf. Die Bildunterschrift lautet: „Früher war ich normal. Das gefiel mir nicht." Die meisten von uns erinnern sich liebevoll an einen Lehrer oder eine Mutter in unserer Nachbarschaft, die uns allein dadurch, dass sie da waren, Raum zum Atmen, zum Schaffen, zum Spielen schenkten. Stellen Sie sich vor, wie es wäre, zumindest gelegentlich für unsere eigenen Kinder und ihre Freunde eine solche Frau zu sein ...

Eine ähnliche Darstellerin wie Mama Spielberg erschien kürzlich auf der Leinwand in dem entzückenden Film *Eine Zweite Chance*. Es gab anscheinend zwar wichtigere Rollen und Themen, doch die Darstellerin, die mich bezauberte, war die ungewöhnliche Matriarchin des kleinen Hauses in Texas, gespielt von Gena Rowlands. Hätte ich diesen Film mit Mitte zwanzig gesehen, hätte ich mir ihr Bild mit kleinem Heiligenschein über die Wickelkommode gehängt.

Diese eigenartige Großmutter bestritt ihren Lebensunterhalt (und unterhaltsam war ihr Leben *in der Tat*), indem sie jede Menge Stofftiere nähte und ausstellte – im Haus, im Vorgarten, in sehr fantasievoller Anordnung. Aber es waren nicht einfach nur Spieltiere, sondern ausgestopfte Wesen. (Ihre Spezialität waren Hasen-Börsen – mit echten Kaninchenohren. Sie tötete sie nie, sie kamen tot zu ihr und, wie sie selbst sagte, „ich mache sie lebendig".)

Was mir an dieser einzigartigen Rolle am besten gefiel, war ihre Haltung gegenüber Unsinn – den sie in keiner Weise für unsinnig hielt. Als ihr kleiner Enkel eines Morgens in einem grünen Schildkrötenanzug erschien, servierte diese anpassungsfreudige Großmutter die Suppe zu Mittag in Schildkrötenpanzern. Sie war offenbar zu allem aufgelegt, was ihr Enkel an jedem beliebigen Tag sein wollte. War er in Zirkusstimmung, wurde er mit einem Clownsgesicht und einem bunten Kostüm ausgestattet. Wollte er gerne ein kleiner Hund sein, nähte Oma ihm bereitwillig ein paar schwarze Fellohren und tätschelte „Fido", der auf allen Vieren ging. Alles ohne großes Tamtam. Es war einfach ein unumstößliches Lebensgesetz, dass Fantasie in Omas Haus nicht nur ein willkommener Gast war, sondern ein ständiger Bewohner.

„Erinnert dich das an jemanden?", flüsterte meine Freundin und Nachbarin Melissa, als wir uns im Kino diese Szenen anschauten. Ich lachte. Jeder in unserer Nachbarschaft wusste, dass unser jüngster Sohn Gabe in jungen Jahren fast nie unkostümiert erschienen war. Er trug immer einen Umhang oder eine Maske oder hatte allermindestens Requisiten dabei. Gabes Verkleidungen waren seine Identität: Vorschul-Power-Kleidung. Ohne sie hätte ihn schließlich jemand für ein sanftes Durchschnittskind halten können, statt für den unglaublichen Rambo-Zambo-Wahnsinns-Spitzen-Superhelden, der er in Wirklichkeit war.

Ich erntete ein paar befremdete Blicke, als ich mich sonntags an der Seite eines laufenden Meters Dick Tracy mit bananengelbem Filzhut und passendem Trenchcoat auf der Kirchenbank niederließ. (Er war ein gutes halbes Jahr lang Detective Tracy.) Die Leute konnten sich das Starren nicht verkneifen, als ich eine Miniaturausgabe eines Feuerwehrmanns in rotem Regenmantel, -hut und „Gasmaske" (einer grellorangefarbenen Pollenschutzmaske) die Supermarktgänge entlangschob. Er war so ein glückliches Kind, und ich war so eine müde Mutter, dass ich lieber seine fantasievolle Verkleidung aus dem Schrank ließ, als mit ihm über die Kleiderordnung im Kindergarten zu streiten. Ich weiß zwar, dass meine Nachsicht mit Gabe oftmals dazu führte, dass seine älteren Geschwister am liebsten im Boden versunken wären, doch sie alle haben, jeder auf seine Art, ihre Mutter als die – nun, etwas, ähm, ungewöhnliche Person schätzen gelernt, die sie war – und ist. Viele Eigenschaften der idealen Mutter gehen mir zwar ab, doch auf eine bin ich selber sehr stolz: Man hat mir nie vorgeworfen, übermäßig pingelig zu sein.

So werde ich denn nie den Nachmittag vergessen, an dem ich meine beiden „Großen", Zeke und Zach, von einem Freund abholte. Sie müssen ungefähr sechs und sieben gewesen sein.

„Mama", beschwerte sich Zach, kaum dass er sich ins Auto hatte plumpsen lassen, „es hat geregnet. Überall waren große Schlammpfützen, und Jasons Mutter hat uns verboten, darin zu spielen." Große Pause, großer Seufzer, und dann: „Ich bin so froh, dass du nicht so empfindlich bist wie die Mütter von den anderen Kindern." Klein-Zeekle (wie Zach ihn damals nannte) nickte eifrig in heftiger Zustimmung.

Ein paar Jahre nach dem Schlammpfützenvorfall fiel mir ein köstlicher Aufsatz von Jeanmarie Coogan in die Hände, die über ihre eigene etwas verrückte und spleenige Mutter schrieb. Der Titel lautete: „Meine Mutter bellte wie ein Seehund". Die Autorin beschreibt, wie ihre übermütige Mutter, die voller Unfug und Schabernack steckte, sie als Kind abwechselnd zum Lachen und zum In-den-Boden-versinken-Wollen brachte. Doch es kam ein Tag, an dem ihr aufging, dass sie es eigentlich recht gut hatte, was Mütter anbelangte. Sie erinnert sich, wie ihre Mutter an einem Baum vorbeikam, in dem „ein ganzer Schwarm von uns in Schwindel erregender Höhe in der Spitze auf den Ästen schaukelte". Anstatt entsetzt aufzuschreien, rief Jeanmaries Mutter: „Ich wusste gar nicht, dass ihr so hoch klettern könnt." Dann fügte sie hinzu: „Ist ja Wahnsinn! Fallt nicht runter!" Als ihre Mutter weiterging, „sprach", wie Coogan schreibt, ein Junge „für alle": „‚Wow', sagte er leise, ‚Wow'".

Ganz ähnlich gibt es in *Eine Zweite Chance* die erwachsene Tochter (dargestellt von Sandra Bullock), die als Teenie durchaus gemischte Gefühle gegenüber ihrer ausgeflippten Mutter hegt. Doch dieselbe Mutter, über die sie sich manchmal ärgert, ist auch eine optimistische, kreative Person und kann sich für ihre Tochter und Enkelin eine bessere Zukunft ausmalen – zumal nach dem erschütternden Schlag, als ihr Ehemann/Vati sie sitzen lässt. Und gerade diese verrückte Mutter ist es, die ihrer erwachsenen Tochter dazu verhilft, die vorbeieilenden kostbaren Augenblicke festzuhalten, bevor es zu spät ist, sie einzufangen. „(„Wie du deine Chancen verschwendest", sagte sie verärgert zu ihrer Tochter, „das ist die schlimmste Art von Luxus.") Zwar muss diese Mutter im Film emotional selber noch wachsen – zum Beispiel im Hinblick auf Einfühlungsvermögen gegenüber dem tiefen Schmerz der Tochter –, doch letzten Endes verkörpert sie bewundernswerten Mut, der sich charmant in einer guten Portion Humor tarnt.

Diese leicht ausgeflippten älteren Frauen mit einem Herzen aus Gold haben etwas, das ich ausgesprochenermaßen bewundere. Meine eigene Mutter war ein erstklassiges Beispiel, genau wie die meisten Frauen, die sich von meinem Stammbaum schwingen.

Ich bekomme mit, dass solche „Originale" – witzige, kreative Frauen, die auch vor dem exotischsten Spaß nicht zurückschrecken – widerstandsfähige und kreative Nachkommen heranziehen. Und wenn es Störungen im Familiensystem gibt, so haben sie zumindest den Anstand, sie unterhaltsam wirken zu lassen. Ich sage immer: „Lieber mit Pauken und Trompeten untergehen, als anonym in stiller Verzweiflung."

Ich bin dankbar für die Frauen, von denen ich abstamme – allesamt zarte Plätzchen mit genau der richtigen Menge Nusssplitter. Ich hoffe, weiterhin in ihren Fußstapfen gleiten zu können – und zum Takt dieser anderen Trommel meine Rumba zu tanzen.

***

Die Prophetin Miriam
nahm ihr Tamburin zur Hand.
Auch die anderen Frauen
schlugen ihr Tamburin,
und zusammen tanzten sie im Reigen.
2. *Mose* 15,20

Ich habe mich einmal
bei meinem Vater beklagt,
dass ich viele Dinge
anscheinend nicht so tun konnte,
wie andere Menschen sie taten.
Papas Rat?
„Margo, sei kein Schaf.
Die Leute hassen Schafe.
Sie essen Schafe auf."

Margo Kaufman

Symptome für Mutterschaft im fortgeschrittenen Stadium

Vielleicht fängt es an, wenn Sie merken, dass Rockkonzerte Ihnen Kopfschmerzen verursachen. Oder wenn Sie anderen anbieten, ihnen das Essen klein zu schneiden. Oder Sie ertappen sich dabei, wie Sie eine Diskussion mit den Worten beenden: „Weil ich die Mutter bin, darum!“
Sie haben eine neue Ebene des Mutterseins erreicht. Alle Warnzeichen sprechen dafür. Dann *wissen Sie, dass Sie die Schwelle zum fortgeschrittenen „Mamitum“ überschritten haben:*

Sie zählen die Streusel auf dem Kuchen der Kinder, damit es bei allen gleich viele sind.

Sie möchten sich das Kind vorknöpfen, das Ihrem Sohn das Lieblingsauto kaputt gemacht und ihn zum Weinen gebracht hat.

Sie haben Zeit, nur ein Bein zu enthaaren.

Sie verstecken sich im Bad, um alleine zu sein.

Ihr Kind übergibt sich und Sie springen auf, um das Schlimmste zu verhindern.

Das Kind anderer Leute übergibt sich auf einer Party und Sie essen seelenruhig weiter.

Sie beherrschen die Kunst, große Mengen Pfannkuchen und Eier auf einen Teller zu legen, ohne dass sie aneinander kommen.

Ihr Kind besteht darauf, dass Sie *Vom kleinen Maulwurf, der wissen wollte, wer ihm auf den Kopf gemacht hatte* in der U-Bahn laut vorlesen, und Sie tun es!

Sie hoffen, Ketchup ist Gemüse, weil es das Einzige ist, was Ihr Kind isst.

Sie spulen schnell vorwärts, wenn der Jäger Bambis Mutter erschießt.

Sie kriegen die Krise, wenn sich Ihr Kind den ersten Monat in der Schule jeden Morgen an Sie klammert, und dann kriegen Sie die Krise, wenn es hineinhopst, ohne sich noch einmal umzudrehen.

Sie ertragen es nicht, Babysachen wegzugeben ... das ist so endgültig.

Sie hören Ihre eigene Mutter reden, wenn Sie sagen: „*Nicht* in deinen guten Sachen!"

Sie hören auf, die Erziehungsmethoden Ihrer Mutter zu kritisieren.

Sie lesen, dass ein Vierjähriger im Durchschnitt 437 Fragen am Tag stellt, und sind stolz, dass Ihr Kind „einigermaßen im Durchschnitt" liegt.

Sie nehmen einen Babysitter, weil Sie seit Ewigkeiten nicht mehr mit Ihrem Mann aus waren, und verbringen den halben Abend damit, sich nach den Kindern zu erkundigen.

Sie sagen mindestens einmal am Tag „Ich bin für diese Aufgabe nicht geschaffen", wissen aber, dass Sie sie gegen nichts auf der Welt eintauschen würden.

14
Es braucht ein Dorf …[5]

Vor ein paar Jahren sind wir mit der Familie in ein baufälliges altes knapp 100-Quadratmeter-Häuschen gezogen, um in der Natur zu sein und, ähm, ein *einfacheres* Leben zu führen. Gabe war damals drei Jahre alt. Die erste Nacht in der neuen Behausung war ein zutiefst rustikales Erlebnis – kein Telefon, kein Wasser, kein Strom. Gabe wachte am nächsten Morgen nach einer unruhigen Nacht auf, lief zum Schrank und zog sich den Mantel an. Er winkte herzlich zum Abschied und verkündete: „Ich gehe jetzt nach Hause." Man konnte sich leicht ausdenken, dass er meinte: *Das war ja ganz interessant, aber jetzt mal wieder ganz im Ernst, Leute.*

„Aber Herzchen", erklärte ich behutsam und ging auf ein Knie, damit ich mit ihm in Augenhöhe war, „das *ist* unser neues Zuhause. Hier wohnen wir jetzt."

Er schaute mich an, als wäre mir gerade eine Tulpe aus dem Nasenloch gewachsen.

„Aber das Haus ist *kaputt*!", wimmerte er.

Bald nachdem wir unser Häuschen gekauft hatten, nahm Scott das Geld, das wir gespart hatten, und baute uns eine hübsche Schale außenrum. Es war ein entzückendes zweigeschossiges Haus im viktorianischen Stil – zumindest für Vorübergehende. Doch in Wirklichkeit war es das Bühnenbild für ein Hollywoodstück. Ging man durch die Außenwände zur Tür hinein, erreichte man über einen labyrinthartigen Gang das kleine Häuschen, in dem wir eigentlich wohnten.

Im Laufe der Jahre riss Scott so, wie wir es uns leisten konnten, Wände ein und baute immer mal wieder noch ein Zimmer aus, bis unser Haus schließlich, zehn Jahre später, fast fertig ist. Den ersten Stock errichtete er vor zwei Jahren, wobei ein unwesentliches Detail fehlt. Er weigerte sich, eine Treppe nach oben einzubauen. Wir haben drei Möglichkeiten, wenn es darum geht, zum oder aus dem ersten Stock zu gelangen. Erstens ist da die Anstellleiter. Zweitens ist da das Seil, das tendenzmäßig als Methode der Wahl beim Abstieg überwiegt. Meine Kinder schwingen sich zum Frühstuck buchstäblich hernieder, wie Tarzan.

Schließlich ist da noch die Kletterwand. Und sie ist der Grund, warum mein Ehegespons sich weigerte, eine Treppe zu bauen. „Wir brauchen den Platz, den die Treppe einnehmen würde, für unsere Seile und Sicherungsausrüstung", begründete er das mit der ganzen Logik eines Schwachsinnigen. Und so geht unsere Familie buchstäblich die Wände hoch.

Manchmal beunruhigt mich das. Denn wie lange werden unsere Kinder später in Therapien sitzen müssen, um dieses verrückte Umfeld zu verarbeiten, in dem wir sie aufziehen? Abgesehen von der Tatsache, dass Clementine nicht hier wohnt, käme sie vermutlich eher noch für den Rest ihres Lebens ohne Ultra-Weiß-Waschmittel zurecht, als hier bei uns aufzukreuzen. Niemals kaufe ich die Zeitschrift *Schöner Wohnen*, und zwar aus Respekt gegenüber den Herausgebern. Es wäre nicht fair, eine Zeitschrift mit einem so aussagekräftigen Titel auf einen Kaffeetisch zu legen, der zugemüllt ist mit den Sonnenblumenkernhülsen eines Teenagers und dem einen Tag alten getoasteten Käsebrot eines Erstklässlers.

Eines Tages jedoch erhielt ich einen Zettel, der meinen sinkenden Mut in Haushaltsdingen wieder aufrichtete. Er war von einer Freundin von Zeke, die zu den vielen Teenagern gehörte, die oft in der Wildnis einkehrten, die wir liebevoll „Zuhause" nannten. Darauf stand: „Liebe Becky, ich möchte Ihnen einfach danken, dass ich bei Ihnen sein durfte. Ich komme gerne zu Ihnen ins Haus ..." ich lächelte geschmeichelt, las dann weiter und lachte laut heraus, „... weil nichts, was ich dort tue, es in Unordnung versetzen kann."

Eins ist mir an meiner weniger als perfekten Haushaltsführung aufgefallen: Dass ein bisschen Lachen und Liebe und Flexibilität in einem Haus eine Menge schmutziges Geschirr und Tiefkühlpizza überdeckt.

Außerdem gab er mir Gelegenheit, kreativ darüber nachzudenken, wie ich meinem Ordnungsmangel beikommen konnte.

„Betrachte es doch mal ganz sachlich", sagte ich eines Tages zu mir. „Du versuchst dich seit 15 Jahren am Haushalt. Du gehst immer mit den besten Absichten ans Putzen, gerätst aber unvermeidlich auf Abwege, wenn du eine Schublade mit Babybildern abstaubst. Und das Ende vom Lied: Du kritzelst ein paar ‚bezaubernde Baby-Erinnerungen' auf die Ränder kaum benutzter Servietten. Könnte es sein, dass der Himmel dir etwas sagen möchte?"

Und so war es dann auch. Es bedurfte zwar mancher Versuche und vieler Irrtümer, doch ich schreibe mich zu einem sauberen und organisierten Haushalt vor. Ich glaube, ich mache hier ein gutes Geschäft. Ein gegenseitiger Gewinn für alle Beteiligten. Ich schreibe ein Kapitel und verdiene genug, um eine nette Dame einen Monat lang einmal die Woche putzen zu lassen. Ich schreibe eine Kolumne und kann einen Teenager dafür bezahlen, dass sie zwei Monate lang die Wäsche wäscht und zusammenlegt! Und nach zehn Jahren Schreiben und Vorträge halten verdiene ich endlich genug, um Rose, eine gute Freundin, als Teilzeit-Büroangestellte zu bezahlen. Eine weitere zupackende Freundin hilft mir beim Arrangieren der Möbel, Drapieren von Vorhängen vor bisher vorhanglosen Fenstern und dem Aufhängen von Bildern auf wohl geordnete Weise. (Sie fragte, natürlich ganz freundlich, ob ich meine Kinder die Bilder hätte aufhängen lassen.)

Letzten Donnerstag kamen all meine vier Frauen/Freundinnen/Helferinnen gleichzeitig her, um ihre Arbeit zu tun. Wir hatten so viel Spaß miteinander, dass es mich daran erinnerte, wie es damals in der Prärie auf *Unserer Kleinen Farm* beim Steppdecken-Nähen und Scheunen-Errichten zugegangen sein mochte. Wo sich Frauen zusammentaten, um ein Werk fertig zu bekommen. Und plötzlich sah die Arbeit eher nach Vergnügen aus.

Einmal erwischte ich Rose lachend und kopfschüttelnd über meine halbherzigen und erbärmlichen Versuche gebeugt, mich zu organisieren. Es gab mehrere Kisten, die bis zum Rand voll waren mit Sachen, die absolut nichts miteinander zu tun hatten – Seife, Buchvertrag, Ohrringe, Hefter, eine halb heruntergebrannte Kerze, ein paar Schecks zum Einreichen – und all das verkündete laut, dass sich hier eine kreative Person an einer kurzlebigen Aktion versucht hatte. Ich zuckte die Schultern und bekannte schwach: „Was soll ich dazu sagen? Es gehört schon ein ganzes Dorf dazu, um einen Idioten großzuziehen."

Seit dem Tag, an dem ich zugab, dass ich im Haushalt einfach ein kompletter Versager bin, und Gott bat, mir eine kreative Möglichkeit aufzuzeigen, wie ich damit umgehen könnte, habe ich schon reichlich

Belohnung dafür erhalten. Ich komme nicht nur zu dem, was ich mag – nämlich schreiben, vor Frauen zu reden und Zeit mit meiner Familie zu verbringen –, sondern die Frauen, die mir helfen, scheinen gleichermaßen entzückt. Jede bringt ihre gottgegebenen Gaben ein, indem sie für ein paar Stunden in ihrem Spezialgebiet arbeitet.

Eines Tages bekam ich mit, wie Courtney, meine 15-jährige „Wäschefachfrau", überall im Haus kleine computergeschriebene Schildchen anklebte. An den Geschirrspüler kam: „Wir spülen unser Geschirr ab, bevor wir es hier einstellen, damit es zum ersten Mal strahlend sauber wird!" In der Waschküche gab es nett formulierte Hinweise, wohin wir Wäsche in welcher Farbe tun sollten. Als ich Courtney zu ihrem Organisationstalent gratulierte, schaute sie mich an und sagte ganz im Ernst: „Becky, Sie geben mir einfach so ein Gefühl, gebraucht zu werden." Die Freundin, die mir bei den Vorhängen und Bildern hilft, rief letzte Woche an und sagte: „Becky, du stellst dir ja nicht vor, wie viel Spaß mir das gemacht hat. Das war genau die Ablenkung, die ich in einer schwierigen Phase brauchte."

Da merkte ich, was für ein tolles Bild diese Szene mit uns vier begrenzten Frauen in meinem verrückten, gemütlichen Haus wirklich ist. So könnte und sollte die Gemeinde, der Leib Christi in dieser Welt, funktionieren – wenn wir das zulassen. Wir alle haben Schwächen und Bereiche, wo Gott eine bestimmte Begabung ausgelassen hat. Als würden kleine Stücke absichtlich aus uns herausgeschnitten, wie die Einkerbungen an Puzzleteilen. Warum? Vielleicht abgesehen davon, dass sie dazu dienen, uns demütig zu machen, sind sie Gottes Art, anderen Menschen zu zeigen, dass sie gebraucht werden. Wo Ihnen etwas abgeht, könnte ein Bruder oder eine Schwester genau diese Fähigkeit besitzen. Wenn wir nicht mehr übereinander urteilen und das christliche „Dorf" um uns herum einfach zusammenfügen und schätzen lernen, wird uns unsere Arbeit in dieser Welt etwas leichter von der Hand gehen.

Müttern, die nicht zu Hause oder in Teilzeit arbeiten können, empfehle ich die altmodische Art, Hilfe zu bekommen: Tauschen Sie Begabungen. Backen Sie gerne? Machen Sie Ihrer verhinderten Gourmet-Freundin einen tollen Kuchen, und vielleicht räumt sie Ihnen den Schrank auf, an den Sie sich nicht trauen. Oder veranstalten Sie eine umlaufende Hausputz- oder Weihnachtsgeschenkverpackungs- oder

Wändestreich-Party. Kommen Sie mit befreundeten Müttern zusammen und nehmen Sie Arbeiten füreinander in Angriff, die alleine einfach keinen Spaß machen.

Man braucht dazu lediglich ein kleines bisschen Demut („Das kann ich einfach wirklich nicht gut!“), eine dringende Notlage und ein paar Telefongespräche mit anderen Müttern, die ebenfalls versuchen, die Puzzleteile des Lebens zusammenzusetzen. Man muss nur ein wenig planen und die Köpfe zusammenstecken, und schon können ein paar Frauen, die die Absicht haben, einander zu helfen, selbst Clementine flott ihre Waschmittelpakete herbeiholen lassen.

***

Zwei haben es besser als einer,
denn zusammen können sie mehr erreichen.
Stürzt einer von ihnen,
dann hilft der andere ihm wieder auf die Beine.

Prediger 4,9+10

Warum sucht sich das Leben
mit anderem Leben zu organisieren?
Wenn sich Lebewesen zusammentun,
bilden sie Systeme,
die mehr Möglichkeiten,
mehr Freiheit für den Einzelnen schaffen.
Darum organisiert sich das Leben,
sucht es nach Systemen,
damit mehr gedeihen kann.

Margaret J. Wheatley und Myron Kellner-Rogers

Achtung, Kinder: Diese Klotür ist zu!

Stellt euch nicht her und redet, quengelt oder stellt Fragen. Wartet, bis ich rauskomme.

Ja, sie ist zu. Ich will das so. Sie ist nicht kaputt, ich bin nicht eingesperrt.

Ich weiß, ich habe sie unverschlossen und gelegentlich sogar offen gelassen, seit ihr auf der Welt seid, weil ich Angst hatte, euch könnte etwas Schreckliches zustoßen, solange ich da drinnen bin, doch das ist jetzt schon Jahre her und ich will *ungestört* sein.

Fragt nicht, wie lange ich brauche. Ich werde herauskommen, wenn ich fertig bin.

Bringt das Telefon nicht zur Klotür.

Rennt nicht ans Telefon zurück und plärrt: „Sie ist auf KLO!"

Fangt nicht an, euch zu schlagen, sobald ich hineingehe.

Steckt eure Finger nicht unter der Tür hindurch und lasst sie zappeln. Das war nur witzig, als ihr zwei Jahre alt wart.

Schiebt keine Münzen, Legos oder Zettel unter der Tür durch. Selbst als ihr zwei wart, wurde das etwas anstrengend.

Wenn ihr mir redend den Flur entlang gefolgt seid und noch redet, wenn diese Tür vor eurer Nase zu ist, dreht euch bitte um, geht in ein anderes Zimmer und wartet dort auf mich. Ich höre euch gerne zu, wenn ich fertig bin.

Oh ... ach ja:
Ich liebe euch! Immer noch! Ehrlich!

Mama

15
Pflegeheim, ich komme

Jedes Kind nimmt, während es sich durch den Geburtskanal vorarbeitet, einen herzhaften Bissen von den Nervenzellen seiner Mutter. Davon bin ich überzeugt. Und weiter bin ich davon überzeugt, dass Gott an jedem Kindergeburtstag weitere Gehirnzellen ausschöpft und sie still und unsichtbar unseren Kindern übereignet. Darum enden wir schließlich plappernd und sabbernd in einem Pflegeheim, wo unsere gut verdienenden, gebildeten Kinder vorbeischauen, um uns die Hände einzucremen oder sich zu vergewissern, dass die Strümpfe zusammenpassen. Gott gab ihnen unser Hirn, häppchenweise.

Oder zumindest nehme ich das als Vorwand, wenn meine Kinder nach einer Sportveranstaltung oder einem Ausflug alleine am Straßenrand vor der Schule warten und merken, dass ihre Mutter – wieder einmal – vergessen hat, sie abzuholen. Das ist ein wahrhaft schmerzliches Handicap, und ich fühle mich auch immer ganz mies, wenn ich meine Verfehlung entdecke. Gewiss ist das Handy eine große Hilfe – sofern ich daran denke, es einzuschalten oder die Rechnung zu bezahlen. Tochter Rachel hielt mir vor einem Monat eine Standpauke – über meine Pflichten als ihre Erziehungsberechtigte.

„Also, Mama!“, sagte sie. „Ich weiß, deine Vergesslichkeit ist manchmal witzig, wenn du darüber schreibst, aber sie ist *nicht* witzig *für mich*, wenn ich verwaist vor der Schule stehe. Für mich und Gabe ist sie wirklich ärgerlich, und darum bitte ich dich, etwas dagegen zu unternehmen. Schreib dir eine Gedächtnisstütze auf die Stirn, miete ein Flugzeug, das Botschaften abwirft – aber versuche bitte, bitte, bitte, uns nicht mehr irgendwo stehen zu lassen.“

Ich nahm sie in den Arm und sagte, es täte mir Leid, dass meine Senilität anscheinend so früh eingesetzt hätte, aber dass ich wirklich und wahrhaftig viel, viel stärker versuchen wollte, mich zu erinnern, welches Kind ich wann und wo abholen sollte. „Vergeben?"

„Okay, aber lass uns erst mal sehen, ob sich etwas ändert. Mama, ich glaube, du kannst es schaffen."

Ich nickte zustimmend und fühlte mich etwas unwohl, dass ein Rollenwechsel nicht mehr aufzuhalten war.

Die Woche darauf war ich an der Schule, um Gabe vom Football-Training abzuholen. Rachel, die eigentlich noch zu einer Sitzung der Schülerverwaltung wollte, sah mich auf dem Parkplatz.

„Hallo, Mama!", rief sie. Ich winkte zurück und streckte den Kopf zum Fenster hinaus. „Na, Rach!" Sie lief zu mir und sagte: „Ich fahre doch mit euch heim. Mir ist nicht so gut. Ich gehe nur schnell an meinen Spind und hole meine Sachen – bin gleich wieder da."

„Okay, ich warte hier", sagte ich, als sie wieder ins Schulhaus lief, um sich ihr Zeug zu schnappen. Da kam Gabe ans Auto, warf seine Sportsachen auf den Rücksitz und hüpfte auf den Beifahrersitz. Dann fragte ich ihn, wie es war, ließ den Motor an und fuhr davon.

Nach anderthalb Kilometern selbstvergessener Heimfahrt fiel mir ein – und es war wie ein Schlag in die Magengrube –, dass ich es *wieder* getan hatte. Ich machte ruckartig eine Kehrtwende und fuhr, so schnell ich mich traute, zur Schule zurück. Ich hoffte wider besseres Wissen, dass ich es bis zum Parkplatz schaffen würde, bevor sich meine arme Tochter wie ein verlassenes Waisenkind vorkäme.

Genau da klingelte das Handy.

„MAMA??" Rachel konnte es nicht fassen. „WO! BIST! DU??!!!"

„Es tut mir so Leid, Schatz. Ich bin schon auf dem Weg zu dir."

„Du hast mich VERGESSEN? Keine zehn Sekunden, nachdem ich gebeten hatte mitzufahren, hast du mich vergessen und bist einfach abgedüst? Kannst du dir vorstellen, wie blöd ich mir vorkam, als ich auf dem Parkplatz hin und her ging und nach unserem Wagen Ausschau hielt? Ich dachte, ich wäre übergeschnappt, als ich ihn nicht finden konnte."

„Schau mal, da ist doch schon ein Silberstreif am Horizont. *Du* bist nicht übergeschnappt. Nur *ich*! Rachey, das hat nichts mit meiner Liebe zu dir zu tun. Ich liebe dich mehr als alles andere und ich würde so etwas niemals absichtlich tun. Ich laufe einfach auf so wenigen Gehirnzellen, und die zwei oder drei, die betriebsbereit sind, waren dadurch belegt, dass ich Gabe begrüßen und den Motor anlassen musste. Sie konnten es einfach nicht schaffen, sich auch noch daran zu erinnern, dich abzuholen."

„Mama", sagte sie, und ihre Stimme bebte vor Enttäuschung, „wenn das in einem Buch von dir vorkommt, werde ich nicht lachen."

Das war vor zwei Wochen. Gestern Abend fragte ich Rachel, ob sie sich an lustige Begebenheiten zwischen ihr und mir aus der letzten Zeit erinnern könnte. „Wieso?", fragte sie.

„Weil ich ein Buch über das Mutter-Dasein schreibe – weißt du, damit andere Mütter nicht glauben müssen, sie seien die einzigen Menschen auf der Welt, denen es so geht, wie es ihnen geht ... Sozusagen ein bisschen Aufmunterung, so nach dem Motto: ‚Zumindest ist es bei mir noch nicht so weit gekommen wie bei dieser überspannten Becky Freeman'."

„Hast du schon geschrieben, wie du mich neulich auf dem Parkplatz vergessen hast?"

„Noch nicht. Du hast gesagt, wenn ich das täte, würdest du nicht lachen."

„Ach komm, schreib es einfach", sagte sie. „Allmählich finde ich, es ist vielleicht ... ein kleines bisschen ... lustig."

„*Mein* Mädchen", sagte ich stolz. „Du wirst mich schon noch überleben."

„Ja, aber wenn du alt und im Pflegeheim bist, werde ich mich rächen. Ich ziehe dir das Kleid verkehrt herum an und stelle dir die Socken falsch zusammen."

Sie zog eine Augenbraue hoch und bemühte sich, finster dreinzuschauen. Dann sah sie noch etwas genauer hin und schüttelte den Kopf.

„Was ist?", fragte ich.

„Ach, nichts", sagte sie, als sie hinausging. „Du bist ein hoffnungsloser Fall."

Ich schaute an mir hinunter, was denn so lustig wäre, und stellte zu meiner großen Belustigung fest, dass ich mein „Ich bin die Mama meiner Kinder"-T-Shirt (das mir die Kinder als Gedächtnisstütze geschenkt hatten) verkehrt herum anhatte, und dass ich einen rosa und einen roten Strumpf zur Schau trug.

Ich lachte und rief ihr im Flur hinterher: „He, Rach, würdest du mir vielleicht meine Hände eincremen?"

Kann eine Mutter ihren Säugling vergessen?...
Und selbst wenn sie es vergessen würde –
ich vergesse dich niemals!,
spricht Gott, der Herr.
Unauslöschlich habe ich deinen Namen
auf meine Handflächen geschrieben.
Jesaja 49, 15-16

Man sagt, du wirst
den Verstand verlieren,
wenn du älter wirst.
Was man dir nicht sagt ist,
dass du ihn nicht sehr vermissen wirst.
Malcolm Cowley

Was Sie schon immer über Gott wissen wollten, aber einen Achtjährigen bisher nicht zu fragen wagten

Von einem achtjährigen Schüler in seinem Schulaufsatz in der dritten Klasse zum Thema „Beschreibe, wer Gott ist“:

Gottes wichtigste Beschäftigung ist Menschen zu machen. Er macht sie als Ersatz für die, die sterben, damit immer genug Menschen da sind, die sich um die Dinge auf der Erde kümmern.

Er macht keine Erwachsenen, sondern Babys. Ich denke, weil sie kleiner und leichter herzustellen sind. So muss Er Seine wertvolle Zeit nicht dazu verwenden, ihnen Sprechen und Gehen beizubringen. Das kann Er einfach Müttern und Vätern überlassen.

Gottes zweitwichtigste Aufgabe ist, auf Gebete zu hören. Davon gibt es schrecklich viel, weil manche Leute, wie Pfarrer und so, manchmal auch beten, wenn es noch nicht Zu-Bett-geh-Zeit ist.

Deshalb hat Gott keine Zeit zum Radiohören oder Fernsehen.

Gott sieht alles und hört alles und ist überall. Er ist also sehr beschäftigt. Du darfst nicht Seine Zeit verschwenden und Ihn über den Kopf deiner Mama und deines Papas hinweg um etwas bitten, was du von ihnen aus nicht haben kannst.

Jesus ist der Sohn von Gott. Er hat immer all die schwierigen Sachen gemacht wie auf dem Wasser gehen oder Wunder tun und versuchen, die Menschen zu lehren, die nichts über Gott lernen wollten. Schließlich wurden sie es leid, dass Er ihnen predigte, und sie wollten nichts mehr von Ihm wissen. Schließlich haben sie Ihn umgebracht.

Und jetzt hilft Er Seinem Papa aus und hört sich auch Gebete an.

Du kannst beten, wann du willst, und sie werden dich auf jeden Fall hören, denn sie haben einen guten Zeitplan, sodass immer einer von ihnen im Dienst ist.

Schwänze nicht die Kirche für etwas, von dem du glaubst, dass es dir mehr Spaß macht, wie zum Beispiel an den Strand zu gehen. Das ist verkehrt! Und überhaupt kommt die Sonne erst am Nachmittag raus.

Wenn du nicht an Gott glaubst und außerdem noch Atheist bist, wirst du sehr allein sein, denn deine Eltern können nicht überall mit dir hin, wie zum Zeltlager, aber Gott wohl.

Es ist gut zu wissen, dass Er in der Nähe ist, wenn du dich im Dunkeln fürchtest oder wenn du nicht gut schwimmen kannst und von großen Kindern in ganz tiefes Wasser geschmissen wirst.

Aber man sollte nicht immer nur daran denken, was Gott für einen tun kann. Ich stelle mir vor, Er hat mich hierher gebracht und Er kann mich jederzeit zurückholen, wenn es Ihm gefällt.

Und darum glaube ich an Gott.

16

Wenn einer eine Reise tut, dann hat er was zu lachen

Ich ging einer meiner Lieblingsbeschäftigungen nach – lachen und brunchen, mit fünf Freundinnen, die auch der schreibenden und redenden Zunft angehören. Eine der Damen, ein Stück Schoko-Käsekuchen auf der Kuchengabel balancierend, fragte: „Becky, wie schaffst du das alles, Mutter von vier Kindern zu sein, Bücher zu schreiben, zu reisen und Vorträge zu halten?"

„Na ja", gab ich zu, „alles kann ich ja auch nicht. Nicht ohne Hilfe. Ich habe zwar meine Auswärtstermine auf zwei pro Monat im Frühling und Herbst begrenzt, aber wenn ich nicht da bin, ist Scott ein toller Herr Mama. Er war zwar immer der ‚Frauen kümmern sich um Kinder und Haushalt'-Typ, aber in letzter Zeit ist er so mütterlich geworden, dass es schon ein bisschen gespenstisch ist. Als ich das letzte Mal von einer zweitätigen Vortragsreise zurückkam, sagte er: ‚Also, die Buntwäsche ist fertig, aber die weiße muss noch gemacht werden. Vergiss den Weichspüler nicht. Und am Kühlschrank hängt ein Einkaufszettel. Gabe ist in einer Stunde zu einer Geburtstagsfeier eingeladen, wo ich ihn hinbringe. Aber Rachel ist oben in ihrem Zimmer, und ehrlich gesagt glaube ich, sie braucht etwas Zuwendung. Sie tut so, als genieße sie das Alleinsein, aber ich habe herausbekommen, dass ein kleines Gespräch jeden Tag sie wirklich aufmuntert.' Ich kam mir vor, als spräche ich abwechselnd zu Dr. Markus und einer Expertin für Haushaltsfragen. Aber ganz im Ernst, ich glaube, es tut ihm und den Kindern gut – so haben sie endlich mal Zeit für Vater-Tochter- oder Vater-Sohn-Gespräche, ohne dass ich dauernd störe."

„Hast du eigentlich inzwischen irgendetwas herausgefunden, das die Kofferpackerei beim Reisen irgendwie erleichtert?“, fragte eine andere Freundin. (Sie verfasst Ratgeber.)

„Ja, ich denke schon. Das Schöne an Auswärtsterminen ist, dass man nur ein Outfit braucht. Da ich die eine Woche hier und die nächste sonstwo spreche, merken die Zuhörer doch gar nichts. 1998 war zum Beispiel das Jahr der Rosa Jacke. 1999 war klassisches Schwarz-Weiß. Ich trage schwarze Stöckelschuhe, falsche Perlohrringe und eine Perlenkette und so. Es ist, glaube ich, jetzt komplizierter, sich zu entscheiden, was man zu McDonald's anzieht, als für eine Reise zu packen.

Ach so, und außerdem lasse ich, um das Reisen zu erleichtern“, fügte ich plötzlich sehr reiseverkehrskauffraumäßig hinzu, „das Schminktäschchen immer gepackt. Ich nehme mein Make-up einfach aus der Reisetasche, ob zu Hause oder in der Luft oder in Hintertupfingen.“

„Tolle Idee“, stimmten sie zu. Eine von ihnen notierte sich meine kleinen Vorschläge auf Servietten und nummerierte sie. Ich fühlte mich noch immer ach so weise, als mir ein Ereignis von neulich einfiel, das meine Reise-Tipp-Rede sozusagen unterhöhlte.

„Na ja, wenn ich's mir recht überlege, dann muss ich euch was gestehen. Ich bin unglaublich unordentlich, sogar unterwegs.“

„Nein!“, antworteten die Mädels in gespieltem Entsetzen.

„Zum Beispiel hasse ich es einfach, diesen Schminkkoffer sauber zu machen. Über kurz oder lang hängen also Wimpern aus Zahnpastatuben und kleben Haarnadeln an offenen Lippenstiften. Ganz zu schweigen von altem Kaugummipapier und undichtem Nagellack. Das kann wirklich eklig sein.

Einmal ging ich am Flughafen durch die Gepäckkontrolle und irgendetwas in meiner Tasche – vermutlich der Verwesungsgeruch gemischter Kosmetika – bereitete dem Sicherheitspersonal einiges Kopfzerbrechen. Ein Mann, der aussah, als wäre er von königlicher, vielleicht arabischer Abstammung, fragte, ob er meine Tasche überprüfen dürfe. „Na gut“, sagte ich zu ihm, „aber es ist kein hübscher Anblick.“ Er zog den Reißverschluss auf, schaute kurz in die Tasche und es entfuhr ihm: „Ekelhaft!“ Dann schnalzte er wie eine schimpfende Mutter mit der Zunge, murmelte etwas auf Arabisch und warf obendrein immer wieder einen Ausdruck äußersten Abscheus ein. Da er es nicht wagte, seine Hand in meine Todestasche zu stecken, um sie nach Sprengstoff abzusuchen, machte er den Reißverschluss einfach wieder zu. Er schaute alle um uns herum mit übertriebenem Abscheu an – als hätte er gerade eine Leichentasche oder so etwas untersucht – und entließ mich mit einem ‚Gehen Sie weiter, meine Dame. Einfach weitergehen. Bitte rasch!'"

Nach dem gemeinschaftlichen Lachausbruch bekräftigte meine Freundin Gracie diese Geschichte auch noch: „Mit Becky zu verreisen ist einfach unglaublich. Einmal war ich mit ihr auf Vortragsreise und stieg mit meinem adretten Köfferchen zu ihr in den Wagen. Beim Einsteigen zögerte ich kurz – ich musste einfach das breite Sortiment an Müll betrachten, der den Boden bedeckte. Alles, von Bücherkisten bis zu Gabes Football-Helm, alten Klamotten, Reste vom Schnellimbiss, leere Getränkedosen ... Also, ein Obdachloser hätte eine ganze Zeit gut in dem Kleinbus leben können. Über kurz oder lang, als wir so fuhren, trank ich eine Dose Cola leer und schmiss sie einfach über meine Schulter – in dieser ‚Macht-ja-eh-keinen-Unterschied'-Haltung – auf den Stapel hinter mir. Es machte nicht einmal ‚Pling'."

„Echt? So schlimm?", frotzelten die anderen.

Ich grinste. „Na, ich fürchte schon. Aber Gracie, erinnerst du dich, als ich feststellte, dass ich nur einen Socken eingepackt hatte?"

„Ach richtig! Ohne Quatsch, Becky fand in weniger als zwei Minuten hinten im Wagen ein passendes Söckchen."

„Faulheit hat auch ihre Vorteile", antwortete ich keck. Ich dachte noch etwas darüber nach und fügte dann hinzu: „Mein Motto lautet: ‚Konzentrier dich aufs Wesentliche', sooft das geht. Ich stecke meine Energie lieber in Menschen und Spaß als ins Putzen."

Gracie gab zu: „Ich bin das genaue Gegenteil von Becky. Ordnung ist mein halbes Leben, aber hin und wieder ist es ungemein befreiend, sich mit ihr herumzutreiben. Kleinigkeiten werden dir einfach egal und du genießt die Fahrt. Irgendwie kriegt sie das auf die Reihe."

„Aber was würdest du tun", fragte meine Freundin Jane, „wenn du etwas wirklich Wichtiges zu Hause gelassen hättest?"

„Also, letzten Herbst hatte ich richtig Stress. Ich war an sechs Wochenenden hintereinander ausgebucht. Nie wieder! Und dann noch die Abgabetermine, meine Zerstreutheit, und mein ältester Sohn in einer „Wachstums-Krise" – da war ich schon froh, wenn ich daran dachte, die Hose über die Beine zu ziehen und nicht über den Kopf. An einem Freitag- und Samstagabend hielt ich einen Vortrag in Oklahoma. An dem Freitagabend hatte ich noch nicht zu Ende geredet, als mir einfiel, dass ich nur ein Kostüm eingepackt hatte."

„Und dann??"

„Na ja, das Gute an einem kleinen Familientrauma dann und wann ist, dass so etwas wie Kleidung vergessen gar nicht so richtig ins Gewicht fällt."

„Woher nimmst du die Kraft, anderen noch Mut zu machen, wenn bei dir zu Hause selbst der Haussegen schief hängt oder die Kinder dir Sorgen machen?", fragte eine andere aus der Runde, selber Mutter von zwei Kindern.

„Das ist, ehrlich gesagt, sehr hart. Dazu kann ich nur sagen, Gott tut es durch mich, um mich herum, weil und obwohl ich es bin. Irgendwann gestehe ich den Zuhörern dann ein, dass es mir schlecht geht. Den besten Trost finde ich in schwierigen Zeiten, wenn ich in einem Rudel junger Mamis lande, die mich mit Liebe und Gebet umgeben, auch wenn eigentlich ich die Expertin für das „Geistliche" sein soll. Wenn ich ankomme, denke ich oft oder ich hoffe es zumindest, ich werde anderen ein Segen sein, doch in Wirklichkeit ist es meist umgekehrt. Ich empfange sehr viel von den Frauen, die mir zuhören. Dann scheint Gott sich selber zu übertreffen, indem er mich wissen lässt, dass er über meine Familie wacht, während ich weg bin."

Ich nahm einen Schluck von meinem Eistee und setzte zum Schluss meiner Geschichte an.

„Als ich auf eben dieser Reise an goldenen Weizenfeldern vorbeifuhr, betete ich: *Herr, ich mache mir solche Sorgen um meinen Sohn. Ich könnte wirklich ein Zeichen von dir gebrauchen, damit ich mich wieder entspanne*. In dem Moment kam ich an einem handbemalten Schild vorbei, schwarze Buchstaben auf weißem Sperrholz, auf dem stand: „Gott regiert." Sonst nichts. Nicht ‚Gestiftet von der Ersten Baptistengemeinde' oder ‚Jesus liebt dich bei Haralds Haushaltswaren'. Einfach: Gott regiert – mitten auf einer Kuhweide. Gott gab mir tatsächlich ein Zeichen. Mir kann niemand erzählen, Er hätte keinen Sinn für Humor. Ich war mir sicher, mein Schutzengel war gerade herbeigeflogen und hatte es in den Boden gerammt, und vermutlich zog er sich jetzt auf dem Rückweg in den Himmel ein paar Heuhalme aus dem Heiligenschein."

„Also gut, jetzt wieder zu den Kleidern", sagte die Freundin, die sich die Tipps notiert hatte. „Was hast du dann gemacht?"

„Na ja, ich habe die Veranstalterin gefragt, ob ich während der Workshops zu WalMart gehen könnte – dem einzigen erreichbaren Kleidungsgeschäft in der Nähe. ‚Sicher', sagte sie, und ich eilte hinaus zu meiner „Getrockneten Tomate" – und fand zu meiner Erleichterung und Freude eine braune Wildlederjacke zusammengeknüllt unter der Rückbank."

„Ich sag's ja", warf Gracie ein, „sie könnte Bulgarien mit ihren abgelegten Sachen aus ihrem fahrbaren Untersatz einkleiden."

Ich verdrehte die Augen und fuhr fort: „Ich stieg also ein, drehte den Zündschlüssel um und merkte, dass ich das Licht angelassen hatte und dass jetzt die Batterie leer war. Bald darauf hatte ein freundlicher Mitarbeiter der gastgebenden Gemeinde Mitleid mit mir und bestand darauf, dass ich mit seinem Wagen zum WalMart fuhr und er in der Zeit die Batterie lud. Es gibt ja so nette Menschen!"

„Und naive", stichelte Gracie.

„Hör mir mal gut zu", schimpfte ich mit der Strenge einer Lehrerin und schaute Gracie finster an, „noch ein Wort, und du gehst raus!" Dann wandte ich mich wieder den anderen zu und fuhr fort: „Jedenfalls war es bis dahin dunkel, doch der Mann führte mich zu seinem Wagen und ich fuhr zum WalMart. In Minutenschnelle fand ich einen hübschen Rock und eine nette bestickte Bluse in olivgrün, die mit meiner zerknitterten, zusammengerollten Jacke süß aussah. Stolz auf meine Einkäufe machte ich mich auf zum Parkplatz, wo mir einfiel, dass ich keine Ahnung hatte, mit welchem Auto ich vorhin zu dem Laden gefahren war. Ich war einfach mit dem Schlüssel in den fremden Wagen gesprungen, losgefahren und in den Laden gegangen, ohne mich noch einmal nach dem Auto umzudrehen, mit dem ich gerade gefahren war. Die nächsten 30 Minuten probierte ich den Schlüssel in etwa fünfundzwanzig Autotüren aus, bis ich endlich einen Treffer landete."

„Und – hast du die Sache etwa dann erzählt? Wie haben sie reagiert?"

„Tja", sinnierte ich, „ich glaube schon. Und alle bogen sich vor Lachen. Aber ich löse in den Menschen anscheinend so ein mitleidsvolles Wohlwollen aus. Das ist die ‚meine Güte'-Reaktion. Etwa: ‚Meine Güte, wir helfen der Kleinen mal lieber. Sonst findet sie nie mehr nach Hause'. Generell habe ich herausgefunden, dass die Leute sich selber durch mich viel besser fühlen, nicht so sehr, weil ich so motivierend rede, sondern einfach, indem ich sie beobachten lasse, was ich alles durcheinander bringe."

Meine Freundinnen schauten mich etwas verwirrt und mit einer Mischung aus Bewunderung und Sorge an. Ich lächelte, denn nur ich weiß, wie weit ich es geschafft habe. Für gewöhnlich geriet ich an den Rand eines Nervenzusammenbruchs, wenn ich mir vorstellte, welches Unheil über meine Familie kommen könnte, solange ich nicht zu Hause war, um sie zu beschützen. Der Gedanke ans Packen, in ein Flugzeug zu steigen (und abzustürzen), Bücher zu schleppen und mir drei, vier Vorträge zu merken, löste eine mittlere Panik aus. Jetzt kam mir alles relativ locker vor. Flugverspätungen, verloren gegangenes Gepäck, vergessene Notizen – all das habe ich überlebt und kann jetzt an einem neuen Tag leben und lachen. Ich strengte mich an, in Worte zu fassen, wie entspannt ich mittlerweile meine eigenen Unzulänglichkeiten und Gottes Fähigkeit, für mich einzuspringen, betrachtete, und sagte: „Mir ist dann wohl irgendwann eine Stress-Sicherung durchgebrannt."

„Was?"

„Eines Tages habe ich gemerkt, dass ich entweder durchdrehen würde, wenn ich versuche, alles perfekt und ordentlich zu machen, oder ich würde mich einfach entspannen und verrückt *sein* und das Leben sich einfach ereignen lassen. Ich merkte, dass alles, was meinen Kindern in meiner Fantasie zustoßen könnte, niemals eintrat. Und anderes, das ich verdrängte, trat ein. Aber in jedem Fall nützten meine Sorgen nichts."

Da ich anscheinend aufmerksame Zuhörer hatte, tauchte ich unbesorgt in tiefere geistliche Gewässer ab. „Ich mag den Satz aus der Bibel: ‚Alles soll so geschehen, wie du es mir gesagt hast.' Das sagte Maria, nachdem sie sehr darum gekämpft hatte, die kurze Mitteilung zu akzeptieren, dass sie die Mutter des Christus werden würde. Irgendwann hörte sie auf mit dem ‚Wie soll das denn gehen?' und akzeptierte, dass Gott regiert. ‚Alles soll so geschehen, wie du es mir gesagt hast', sagte sie. Wenn also Panik in mir aufsteigt, sage ich zu mir: ‚So soll es geschehen' – und lasse das Wort sich einfach entfalten. Ich fange an, die Emotionen herunterzufahren, die Räder in meinem Kopf anzuhalten und gelassen, fast neugierig auf das zu werden, was Gott als Nächstes tut."

Ich fuhr nach dem Essen heim mit einem dankbaren Gefühl für das, was ich mit meinen 40 Jahren bin: Eine absolute Chaotin. Aber das ist *in Ordnung*. Man sagt, der Vorteil des Kleinstadtlebens liegt darin, wenn man selber nicht weiß, was man tut, weiß es jemand anderes. Genauso liegt der Vorteil, Gottes Kind zu sein, darin, wenn ich nicht weiß, was ich tue, weiß Er es doch, und oft schickt Er eins von Seinen Kindern oder unsichtbaren Engeln, um mir aus der Patsche zu helfen. Und genauso nah ist Er meinen Kindern. Ich will zwar immer für sie da sein, wenn ihnen etwas fehlt, aber das geht nicht. Ich finde Trost in Sätzen, die Amy Carmichael in einem Brief an eine Freundin weit weg von zu Hause geschrieben hat, wo offenbar alles im Argen lag: „Vergiss nicht, wenn du dir den Schmerz deiner Lieben vorstellst, ihn regelrecht siehst und hörst und fühlst, dann gibt es eins, das sich dir entzieht. Das ist die Gnade, die geschenkt wird, die Gegenwart, die da ist.“ Als Zach und Zeke noch klein waren, wiederholte sich in einem ihrer Lieblingsbücher der Satz: „Überall ist Gott bei dir.“ Diese Gnade, diese Gegenwart begleitet uns nicht nur, wenn wir unterwegs sind, sondern sie reicht weiter bis an die Orte, wo wir jetzt auch gern wären. Auch über und um unsere Liebsten herum.

Ich lenkte den Wagen neben meinen roten scheunenförmigen Briefkasten und unterbrach meine tiefen Gedanken mit einem alltäglichen. *Ich liebe Post.* Ich griff hinein und zog einen Stapel Briefe heraus. Es traf sich, dass einer von jenem Parkplatzretter und seiner Frau dabei war, die so freundlich (und tapfer) waren, mir in Oklahoma ihren Wagen zu leihen. In dem Brief lag eine Kreditkarte und ich las: „Liebe Becky, wir haben auf dem Boden unseres Autos diese Karte gefunden. Ein paar Minuten lang hatten wir keine Ahnung, wie sie dahin kommen konnte. Dann mussten wir lachen, als uns einfiel, dass Sie den Wagen benutzt haben ... Becky, Sie haben mit Ihrem inspirierenden Vortrag und Ihrem zerstreuten Wesen unseren Tag gerettet.“

Was soll ich dazu sagen? Irgendjemand muss doch beweisen, dass Gott jeden an jedem Ort und zu jeder Zeit für Seine Zwecke benutzen kann. Ja selbst Mütter, die ständig die Namen ihrer Kinder durcheinander bringen oder sich nicht erinnern, warum sie gerade in ein Zimmer gegangen sind, oder keinen Schimmer haben, warum ihre Haarbürste in der Tiefkühltruhe liegt.

Unsere Reise hier durch dieses Leben ist ziemlich kurz. Wir können jeden Augenblick davon verderben lassen, dass wir uns um unsere Kinder oder unsere Aufgaben sorgen – oder wütend sind über Verzögerungen und Enttäuschungen. Oder wir tun, was wir können, und überlassen Gott den Rest. Sparen Sie sich die Zeit zum Sorgenmachen und machen Sie lieber ein kleines Nickerchen, und vertrauen darauf, dass Gott gegenwärtig ist. Er regiert.

„So soll es geschehen.“ Alles ist gut.

***

Vertraue auf Gott von ganzem Herzen.
Dann kannst du sicher deinen Weg gehen,
nichts bringt dich zu Fall.
Dein Schlaf ist ruhig und tief;
vor nichts brauchst du dich zu fürchten –
auch nicht vor dem Unglück,
das gottlose Menschen plötzlich trifft.
Denn der Herr beschützt dich;
er lässt dich nicht in eine Falle laufen.

Sprüche 3,23-26

Willst auch du dich mir geben?
Willst du kommen und wandern mit mir?

Walt Whitman

Teil VI

Teenagerzeit oder: Späte Rache

17
Verärgern Sie Ihre Kinder – atmen Sie einfach!

Eine meiner Lieblings-Schriftstellerinnen ist Anne Lamott, eine ungewöhnliche Christin, deren Werke vermutlich nie in einem konventionellen christlichen Verlag erscheinen werden. Sie bringt die Dinge auf den Punkt, wenn auch manchmal etwas grob. Doch ich mag ihre Arbeit, und zwar sehr, mit all ihren Unsicherheiten, ihrem Humor, ihrer Trauer und Hoffnung, die da in gedruckter Form ausgebreitet werden. Ihr Herz auf Papier. In ihrem vergnüglichen, ergreifenden Tagebuch aus dem ersten Lebensjahr ihres Sohnes beschreibt sie ihre Ängste vor dem Mutterwerden:

„Das Schlimmste, schlimmer noch als dazusitzen und über den unvermeidlichen Tag zu heulen, wenn mein Sohn endgültig das Heim verlässt, schlimmer noch, als darüber nachzudenken, ob er zwischenzeitlich diese scheußlichen Impfungen kriegen soll, die er wahrscheinlich bekommen sollte, an denen manche Kinder aber sterben, schlimmer noch als die Sorgen, die ich mir mache, wenn ich nachts um drei wach im Bett liege (dass ich nicht genug Geld verdiene und in einem elenden Loch wohnen muss, wo uns die Ratten im Schlaf ins Gesicht beißen, oder dass ich bei einem tragischen Unfall meine Arme verliere und vors Familiengericht muss und meinen Sohn mit dem Mund und den Füßen wickeln muss und dass der Richter meine Arbeit nicht für gut genug befindet und Sam in eine Pflegefamilie gibt), schlimmer sogar noch als meine Angst, wenn ein Auto voller Teenager mit fast 200 Sachen auf unserer verschlafenen kleinen Straße an meinem Haus vorbeirast, schlimmer noch als mir vorzustellen, mein Sohn wird von solchen Teenagern überfahren – schlimmer als alles mögliche andere ist der quälende Gedanke, wie man bloß ein Kind in die Welt setzen kann, wohl wissend, dass er oder sie schließlich in die siebte und achte Klasse kommen wird."

Ich glaube, die meisten werden zustimmen, dass das Überleben der siebten und achten Klasse der Preis ist, den man dafür zahlen muss, dass man den Rest seines Lebens in Angriff nimmt, ohne sich jemals wieder so vollkommen unsicher zu fühlen. Einfach nur durch eine Schulcafeteria zu gehen kann gleichbedeutend sein mit einem Gang durch ein Minenfeld. Den falschen Ton von Lipgloss aufzulegen oder die falsche Jeans- oder Schuhmarke zu tragen oder – Horror! – das Hervorsprießen eines Pickels kann selbst aus dem Coolsten das bedauernswerte Opfer der Lästereien der Woche machen.

Anne Lamott schrieb ferner: „Es gibt ein hübsches Gedicht von einem Mann namens Roy Fuller, das so endet: ‚Schmerz über Schmerz, den man niemals vergisst', und sooft ich an diese Zeilen denke, was wirklich oft ist, denke ich an den Tod meines Vaters vor genau zehn Monaten – und an die siebte und achte Klasse."

Sie spricht mir aus der Seele. Judith Viorst schrieb ein Gedicht, das davon handelt, wie leicht ein junges Herz verletzt, zerfetzt und wie ein Stoß Papier zerrissen werden kann. Und wie warten wir an diesen endlos langen Tagen darauf, dass jemand uns zu Hilfe kommt und unser Herz mit Klebeband und Leim und Freundlichkeit wieder zusammenflickt. Das Gedicht schließt: „Doch bis dahin – der Schmerz, der Schmerz, der Schmerz!" Zum ersten Mal las ich dieses Gedicht, das für Kinder geschrieben ist, als ich Mitte dreißig war und einen Kurs in Englischer Literatur machte. Ich musste schlucken, als ich zu der letzten Zeile kam, die so voller Mitgefühl für die einsame kleine Ausgestoßene ist, die ich selbst einst in diesen Übergangsjahren war – in diesem Niemandsland, dem Verbindungsstück zwischen einer hinreißenden Kindheit und dem Platz hinter dem Steuer eines Autos.

Ich weiß nicht, wie es kommt, vielleicht weil Gott meinte, ich habe in meiner eigenen Mittelstufenzeit genug durchgemacht – doch er ersparte mir die Qual, mit ansehen zu müssen, wie meinen Kindern dasselbe Kainsmal eines Ausgestoßenen anhaftet wie mir elendem Wesen damals. In unserer Kleinstadtschule von Lone Oak gelten Rachel und Gabe (die beiden, die noch zu Hause sind) als total cool. Ich bin dankbar, dass beide sich wohl darüber im Klaren sind, welch großes Glück dies ist, und ich merke, dass sie offen und freundlich zu anderen Kids sind, auf welcher Stufe des „Coolseins" diese auch angesiedelt sein mögen.

Allerdings haben Rach und Gabe schon bemerkt, dass es mehr als nur ein bisschen beunruhigend sein kann, einen lebenslangen Trottel als *Mutter* zu haben. Ich muss mich wirklich wundern, wie wenig für eine Mutter mittleren Alters dazu gehört, ihre heranwachsenden Kinder nachhaltig zu verärgern oder in ihnen den Wunsch zu wecken, am liebsten im Boden zu versinken. Wenn sie erst mal 16 und in der Oberstufe sind, verleiht ihnen ihr erblühendes Selbstbewusstsein größere Toleranz gegenüber Mama, dem Obertrottel. Aber Zwölf- bis Fünfzehnjährige reagieren fast die ganze Zeit permanent gereizt auf ihre Mutter. Sie wissen nie, wann Mama ausrasten könnte – indem sie in aller Öffentlichkeit etwas unverzeihlich Idiotisches sagt.

Wie etwa „Hallo!".

Mein Status als „Bücherschreiberin" hilft zwar ein wenig, enthebt mich aber nicht dem Trottel-Dasein. (Übrigens: In unserem Städtchen bezeichnet mich niemand mit dem überkandidelten Begriff „Autorin"; ich bin eine „Bücherschreiberin" und fertig.) Stellen Sie sich vor, Leonardo di Caprio würde kundtun, seine richtige Mutter sei Brigitte Mira oder seine Onkel Dick und Doof, und Sie ahnen das Unbehagen, das meine elterliche Anwesenheit bei meinen lieblichen Nachkommen auslöst, besonders bei Schulveranstaltungen. So ähnlich muss es Jimmy Carter ergangen sein, wenn Bruder Billy zum Tee im Weißen Haus erschien.

Letzte Woche zum Beispiel war ich bei einem Basketballspiel der Schule. Der Lautsprecher verkündete: „Das war Mark Johnson mit einem prima Abwehrspiel ...", und ich sprang auf, grölte begeistert und feuerte ihn an.

„Setz dich, Mutter", zischten meine Kinder.

Zögernd, aber gehorsam setzte ich mich. „Na, hört mal", erklärte ich, „das war doch ein toller Zug, und wenn Mark nicht abgewehrt hätte, hätte die andere Mannschaft einen Punkt gemacht."

Gabe schlug sich vor Verzweiflung an die Stirn, als wollte er sagen: „Wie lange muss ich das noch ertragen?"

„Mama", erklärte er behutsam, als redete er mit einem Vorschulkind, „Mark Johnson *ist* in der *anderen* Mannschaft!"

„Oh", sagte ich.

Gabe nickte und war erleichtert, dass niemand von seinen Freunden meinen Ausrutscher mitbekommen hatte.

„Aber Gabe“, fügte ich ernsthaft hinzu, „toll gespielt war’s trotzdem.“

Damit stand Gabe auf und setzte sich auf einen anderen Platz etwa eine Spielfeldlänge von mir entfernt.

Dann ist da das Problem des Parkens. Ich werfe die Kinder normalerweise am Stadiontor raus und fahre dann auf den Parkplatz. Das Seltsamste an einem Sport-Stadion: Die beiden Hälften sehen genau gleich aus. An beiden Seiten sind Kartenabreißer, Imbissbuden und Toiletten. (Ich habe auch schon entdeckt, dass – wenn man nicht ganz genau hinschaut – Männer- und Frauentoiletten einander zum Verwechseln ähnlich sehen. Eine Ähnlichkeit, die schon mehr als einmal zu Irritationen geführt hat ...) Wenn ich dann das Stadion mit den Kindern im Schlepptau verlasse und sie mir die alles entscheidende Frage stellen: „Mama, auf welcher Seite hast du geparkt?“ – bin ich ratlos.

Wir wandern über den Parkplatz wie die Kinder Israel, die den Berg Sinai umrunden. Ich kann Rachel und Gabe üble Verwünschungen ausstoßen hören, ganz egal wie fröhlich ich „unser Auto-Such-Abenteuer“ zu gestalten versuche. Kleine Scherze wie: „Wo in aller Welt ist unser Auto, Mann – in San Diego?“ stoßen auf humorlose Ohren. Es geht am Ende immer gut aus, ich verstehe also nicht, warum sie das kreisförmige Umherwandern so aufregt. Schließlich finden alle anderen ihre Autos und wir können leicht erkennen, dass das einzige verbliebene Auto auf dem ganzen Parkplatz unseres sein muss.

Freitagabend, auf unserer dritten Runde um den Parkplatz, erspähte ich einen Freund. Jahrelang hatte dieser nette Mensch als Hobby Sportfotos von den Spielen unserer High School gemacht. Er heißt – und diesen Namen liebe ich zugegebenermaßen – Buster Klem. Buster hat immer eine Schirmmütze verkehrt herum auf und ist der am durchgängigsten gut gelaunte Typ, dem ich je begegnet bin. Er macht sich einen Spaß daraus, mich immer wieder damit aufzuziehen, dass ich auf der Abschlussfeier nach Rachels 8. Schuljahr zu den feierlichen Klängen von „When I Walk Through The Storm“ eine ganze Treppe hinuntergefallen bin.

Na gut, ich erkannte also meinen Kumpel Buster bei den Sitzbänken, rannte auf ihn zu und brüllte: „Hey, Buster!“ Und das, bevor mich Rachel und Gabe darauf hinweisen konnten, dass der Mann überhaupt nicht Buster Klem war. Er wirkte schockiert, als hätte ich ihn bei etwas Verbotenem ertappt. (Hier bei uns im Süden wird allgemein jeder, der bei einem Vergehen erwischt wird, mit „Hey, Buster“ angesprochen. Keine Ahnung, warum.)

Als ich einen halben Meter von Busters Doppelgängergesicht entfernt war, lächelte ich schwach und sagte: „Huch! Wissen Sie was? Sie sind gar nicht Buster.“ Er starrte mich an und vermied krampfhaft jede plötzliche Bewegung. Ergänzend fügte ich hinzu: „Seien Sie trotzdem freundlich gegrüßt.“ Ich ging weiter und wagte nicht, nach hinten zu schauen, wo Rachel und Gabe Blicke wechselten, die ich ganz gewiss nicht sehen wollte.

Das ist nur eine kleine Auswahl typischer, alltäglicher Mama-Blamagen, denen meine Kinder ausgesetzt sind.

Dann und wann lande ich einen richtigen Trottel-Volltreffer. Aus gewissen Gründen passierten mir mehrere meiner beeindruckenderen Fiaskos der vergangenen Jahre auf dem Spielfeld.

Letzten Sommer nahm Gabe an einem Football-Camp teil. Am letzten Tag sollte er bei den Entscheidungsspielen mitspielen. Er rief an, dass ich mir das Spiel ansehen sollte, und beschrieb mir die Trikots seines Teams bis ins kleinste Detail, damit ich mich auf die richtige Seite setzte. Ich kam und schaute zu. Er spielte großartig und ich grölte nie für die falsche Mannschaft. Kein einziges Mal. Danach wollte ich zu Gabe und ihm gratulieren, doch er war nirgends zu finden.

Schließlich nahm ich meinen Klappstuhl, schulterte meinen Rucksack mit Getränkedosen und trottete über ein freies Spielfeld, um am Sportlereingang nach ihm Ausschau zu halten. Als ich mitten auf dem Feld stehen blieb, um mich noch mal nach Gabe umzusehen, sah ich eine Masse weißer Helme auf breiten Athletenkörpern wie eine Herde Elche auf mich zu rennen.

Mit Rucksack und Klappstuhl beladen, blieb mir nichts anderes übrig als einen Sprint zur Torlinie hinzulegen. Wäre ich stehen geblieben, hätten mich riesige Stürmer zu Boden geworfen, denn ich war versehentlich mitten in ein Rugby-Spiel geraten, das unmittelbar nach Gabes Spiel auf demselben Platz begonnen hatte. Ich lief, so schnell mich meine kurzen Beine trugen, wobei überall an den falschen Stellen Bindegewebe schwabbelte. Von den Seitenlinien bekam ich Kommentare mit wie: „Wer ist *die* denn?“ „Was *hat* sie denn da?“ „Hol mal jemand die Verrückte vom Feld!“ Sobald ich hinter der Torlinie war, klappte ich einfach meinen Stuhl auf und trank erst einmal auf diesen Sieg.

Es erübrigt sich zu sagen, als ich Gabe endlich fand, dankte er dem Himmel etliche Male dafür, dass Er ihn davor bewahrt hatte, den ersten Mama-mit-Klappstuhl-Touchdown-Lauf der Sportgeschichte mit ansehen zu müssen.

Ich erzählte ihm noch ganz außer Atem von meinem Debut, lachte und wollte ihn ganz unwillkürlich umarmen. Doch er wich aus und verscheuchte meine ausgestreckten Arme, als wären sie zwei lästige Wiesel. Es verletzte zwar meine Gefühle, aber ich ließ ihm Zeit zum Grummeln und zwischen den anderen Spielern umherzuschlendern. Im Wagen fragte ich ihn allerdings: „Gabe, warum durfte ich dich nicht umarmen?“

„Weil ich allmählich zu alt dafür bin.“

„Aber Gabe, neulich abends, als du Migräne hattest, hast du mich gebeten, bei dir zu bleiben und dir den Nacken zu massieren, bis du eingeschlafen warst.“

„Na ja, du darfst mich berühren, wenn ich Schmerzen habe – zu Hause. Mach das aber nie in der Öffentlichkeit, selbst wenn mein Kopf schier platzt.“

„Also, zu Hause darf ich dich in den Arm nehmen?“

„Ja ... – aber nicht zu oft.“

Ich glaube, ich habe die Rühr-mich-nicht-an-Regeln endlich drauf. Ich darf Gabe zu Hause, jeden dritten Tag, in den Arm nehmen, außer wenn es regnet oder bei Vollmond. Einen Arm um die Schulter legen ist besser als eine Ganzkörper-Umarmung. Hat besagtes Kind allerdings Schmerzen, ist eine kräftige Umarmung – begleitet von Rückenmassage – erlaubt. Sofern außer der Familie niemand im Haus ist und ich sicherstelle, dass wir nicht zu dicht an einem Fenster sind, wo uns ein Nachbar sehen könnte.

Manchmal ist es echt hart, so coole Kids zu haben.

Und doch: Bei allen Aufs und Abs und Beinahe-Zusammenstößen habe ich gern solche selbstbewussten, zerbrechlichen menschlichen Wesen um mich herum. Vor allem an jedem dritten Tag, wenn es nicht regnet und kein Vollmond ist.

Höre auf deinen Vater –
er hat dich gezeugt.
Und verachte deine Mutter nicht,
wenn sie alt geworden ist!
Sprüche 23,22

Als ich ein vierzehnjähriger Junge war,
war mein Vater so ignorant,
dass ich den Alten kaum ertragen konnte.
Doch als ich einundzwanzig wurde,
staunte ich, wie viel der Alte
in sieben Jahren gelernt hatte.

Mark Twain

Gedanken zur Kindererziehung

Von Robert Fulghum

1. Kinder sind keine Schoßtiere.
2. Das Leben, das sie tatsächlich leben, und das Leben, das ihr für sie im Auge habt, ist nicht dasselbe.
3. Nehmt nicht zu persönlich, was eure Kinder tun.
4. Führt keine Punktliste über sie – es ist besser, vergessen zu können.
5. Dreck und Unordnung sind eine Brutstätte für kindliches Wohlbefinden.
6. Bleibt ab der Pubertät aus ihren Zimmern.
7. Haltet euch aus ihren Freundschaften und ihrem Liebesleben heraus, sofern sie euch nicht von sich aus mit einbeziehen.
8. Seid nicht besorgt, wenn sie euch nie zuhören; seid besorgt darum, dass sie euch ständig beobachten.
9. Lernt von ihnen; sie haben euch viel beizubringen.
10. Liebt sie lange Zeit; lasst sie frühzeitig los.

Zum Schluss noch eine Fußnote: Ihr werdet nie erfahren, wie ihr als Eltern wart oder ob ihr es richtig oder falsch gemacht habt. Niemals. Und ihr werdet euch euer Leben lang deswegen und eurer Kinder wegen grämen. Aber wenn eure Kinder Kinder haben und ihr die jungen Eltern betrachtet, werdet ihr eine Teilantwort darauf haben.

18
Charmante Frechheiten

Als ich erstmals über meine Kinder schrieb – das Niedliche, das Grässliche und das Witzige – kam mir nie in den Sinn, dass sich das Blatt des Geschichtenschreibens einmal wenden würde. Hätte nie gedacht, dass meine süßen Kleinen mit ihren hinreißenden Einfällen in Hülle und Fülle zu geistreichen Teens mit Geistesblitzen in Hülle und Fülle heranwachsen würden. Wie alle Mütter stehe ich vor dem Problem, wie ich mit dem gelegentlichen Sarkasmus eines Teenagers – der mir seine Sicht der Dinge unmissverständlich mitteilt – umgehen soll. Das komplexe Dilemma für mich als Humoristin ist, dass ihre klugen Erwiderungen oft wirklich witzig sind. Gelegentlich verliere ich alle Objektivität als ihre Mutter und hole flugs Papier und Bleistift herbei, um mir ihre komischen Einfälle zu notieren.

Ein Musterbeispiel für einen Dialog, der zu witzig war, um nicht darüber zu lachen, fand vor ein paar Wochen statt, als Scott und ich mit Rachel und Gabe ein Flugzeug nach Colorado bestiegen. Ich hatte gehofft, dieser Colorado-Urlaub würde eine besondere Vater-Sohn- oder Mutter-Tochter-Verbundenheit oder auch eine Nähe zwischen uns Vieren schaffen, nachdem nun Zach und Zeke, die Ältesten, aus dem Nest waren. Ich lächelte zu Scott und dem zwölfjährigen Gabe (Verbundenheitsteam Nummer Eins) hinüber, die in ihren Sitzen lümmelten, während die fünfzehnjährige Rachel und ich (Team Nummer Zwei) unsere Plätze den Mannsbildern gegenüber einnahmen. Mir war ach so Mutter-Beimer-mäßig, so nach Familienidylle total zumute. Ich winkte meinem „Wenn-der-Vater-mit-dem-Sohne"-Team kurz zu und ließ mich im Flugzeugsitz nieder. Plötzlich störte ein stechender Schmerz rechts unten in meinem Bauchraum mein fröhliches Eltern-Bindungs-Fest.

„Rachel", sagte ich ruhig mit ersterbender Stimme. „Nicht erschrecken, aber ich habe entweder einen Tumor oder Blinddarmentzündung oder schlimme Blähungen." Ich durchforschte das Gesicht meiner Tochter nach einem Schimmer Mitgefühl. Mit der ganzen finsteren Sensibilität von Schwester Ratched aus *Einer flog über das Kuckucksnest* ergriff sie meinen Unterarm und sagte eindringlich: „Mutter, bloß keine Blähungen."

„Na, wundervoll!", schoss ich zurück und schöpfte plötzlich Kraft. „Während deine arme Mutter also Todesängste aussteht, ist dein erster Impuls der Gedanke: ‚Bitte, lass es einen Tumor sein! Oder allermindestens Blinddarmentzündung'." Trotz meiner Schmerzen fand ich zugegebenermaßen Gefallen an dem Dialog. Zwischen zusammengepressten Zähnen spöttelte ich: „Toll, ich glaube, jetzt habe ich Lachgas!"

„Mama, pssssst! Die Leute gucken schon!"

„Na gut", flüsterte ich, so laut ich mich traute, „es sei ferne von mir, die glücklichen Passagiere mit meinem kleinen Auflodern eines *Tumors* zu belästigen."

„Mama", erwiderte sie in entschiedenem Ton und imitierte Arnold Schwarzenegger aus dem Film *Kindergarten Cop*, „es ist gar kein Tu-Mohr!"

Sobald wir in den wunderschönen Rockies landeten, ging es mir schon viel besser. Anstatt also zur nächsten Notaufnahme von Denver zu gehen, stiegen wir Vier in einen Leihwagen und rauschten zu unserem Bergquartier. Als wir so unter dem reinen Blau des weiten Himmels dahinfuhren, schaute ich zu Scott hinüber. Wirklich ansehnlich, selbst nach dreiundzwanzig Jahren Ehe. Vor überfließender Sentimentalität rief ich mir unsere erste Zeit als Mann und Frau ins Gedächtnis. Da wir als Fast-noch-Teenager geheiratet hatten, gab es für uns so viele „erste Male".

„Gabe und Rach", sagte ich mit einem Blick zur Rückbank. „Ich muss gerade daran denken, wie viele Dinge euer Vater mir im Laufe der Jahre beigebracht hat. Wie das Skifahren."

„Hat nur vier Stunden gedauert, bis sie die Skier an- und wir sie in der Senkrechten hatten", bemerkte Scott gedankenverloren.

„Und", ich schaute meinen Mann zärtlich an und beschloss, seinen Kommentar zu ignorieren, „du hast mir auch Eislaufen beigebracht und Wasserski und Wildwasserfahren."

„Becky“, Scott schaute für den Bruchteil einer Sekunde in meine Richtung und dann schnell wieder zur Windschutzscheibe hinaus, „du hast den ganzen Guadelupe entlang geschrien. Du wolltest dich scheiden lassen, sobald ich deine Zehen jemals wieder auch nur in die Nähe von Wildwasser setzte. Du hast gesagt, du wickelst ein Kajak um meinen ...“

„Schatzi“, warf ich hastig ein, „wir wollen doch schön artig bleiben. Der Punkt war nicht, dass ich es *genoss*, all diese Dinge zu lernen. Der Punkt war, dass du sie mir beigebracht hast. Weißt du noch – du hast mir sogar das Autofahren beigebracht!“

„Was?!?“, riefen die Kinder einstimmig von hinten.

„Ja“, nickte ich und erläuterte: „Als ich euren Papi heiratete, hatte ich meinen Führerschein erst seit zwei Wochen und war noch nie mit Gangschaltung gefahren. Wir hatten nichts anderes – also zeigte er mir, wie man damit fährt.“

„Ja, das werde ich auch nie vergessen“, warf Scott ein. „Rückwärts den Hügel runter, die peitschenhiebartige Bewegung unserer Köpfe, wenn du die Gänge eingelegt hast und mehrmals hart auf die Bremse getreten bist, die kilometerlange Schlange hupender Autos hinter uns ...“

„Paps?“, fragte Rachel und unterbrach seine Beschreibungen.

„Ja“, kam seine abwesende Antwort. Ich hätte wetten können, er wollte sich mental von „Der Tag an dem meine Frau den Verkehr zum Erliegen brachte“ losreißen.

„Du hast Mama wirklich Skilaufen und Autofahren und so was beigebracht?“

„Ja, ich denke schon.“

„Also, Papa, weißt du, was das über dich aussagt?“

„Was denn, Süße?“

„Du bist wirklich nicht gerade ein begabter Lehrer.“

Ihre Bemerkung war eigentlich zwar eine doppelte Beleidigung, doch für den Witzbold in mir war der Humor einfach zu verführerisch. Ich nehme an, in unserer Familie genießen wir, von wenigen Ausnahmen abgesehen, nichts mehr, als herzlich über uns selbst zu lachen.

Ich erzählte diese Begebenheit einer Freundin, einer allein erziehenden Mutter, die ihre Wohnung kürzlich wegen der Finanzen (bzw. aus Mangel an denselben) hatte verkleinern müssen. Der Umzug von einer

Vier- in eine Drei-Zimmer-Wohnung in einer alles andere als netten Umgebung hatte seine Auswirkungen auf den Stolz ihrer heranwachsenden Tochter. Eines Nachmittags sagte meine Freundin zu ihrer Tochter: „Ich glaube, wir brauchen ein besseres Schloss für die Eingangstür."

„Glaubst du wirklich", erwiderte ihre Tochter, und ihr strömte der Sarkasmus aus allen Poren, „ein Einbrecher lässt sich von einem Schloss abhalten, wenn er doch einfach nur zu husten braucht und das ganze Haus fällt ein?"

Wir mussten zugeben – es war eine klassische Zeile.

Natürlich gibt es eine feine Trennlinie zwischen beleidigen und sich gutwillig übereinander lustig machen. Manchmal muss ein Elternteil (meistens der, der gerne lacht) diese Linie überwachen und empfindlich darauf reagieren, wenn ein Scherz den Humor überschreitet und darauf hinausläuft, Gefühle zu verletzen. Wir erkennen durch Versuch und Irrtum, wie sich Liebe und Humor am besten ausdrücken lassen. Bei allen innewohnenden Risiken glaube ich, eine Familie wächst enger zusammen und die Teenager-Jahre lassen sich besser überstehen, wenn wir regelmäßig gemeinsam herzhaft lachen – über uns selbst.

Selbst der weise König Salomo sprach von den Heilkräften des Fröhlichseins. Ich muss es ja wissen – es hat meinen vertrackten Tumor/Blinddarm umgehend geheilt.

***

Ein fröhlicher Mensch lebt gesund.

Sprüche 17,22

Meine Mutter hatte ziemlich viel Ärger mit mir, aber ich glaube, sie genoss das.

Mark Twain

Wichtige Dinge, die ich von Kindern gelernt habe

1. Wenn du an die Wand malen willst, mach es hinter der Couch.

2. Frage „Warum?“, bis du verstehst.

3. Selbst wenn du seit schon drei Stunden angelst und noch nichts eingefangen hast außer Giftalgen und einem Sonnenbrand, bist du noch immer besser dran als der Wurm.

4. Es ist egal, wer angefangen hat.

5. Wenn das Pferd, das du malst, mehr wie ein Hund aussieht, mach einen Hund daraus.

6. Wenn du eine Katze willst, fang damit an, dir ein Pferd zu wünschen.

7. Hau so lange gegen die Tür, bis jemand aufmacht.

19
Spielfeldnarren

Gestern Abend saß ich bei einer Sportveranstaltung der High School oben auf einer Zuschauerbank, im strömenden Regen, neben meiner Freundin Rose. Regen tropfte uns von Wimpern und Nase, unsere Haare sahen aus wie benutzte Fußabtreter. Als wir uns über unsere Kinder und dieses Buch unterhielten und dabei den Buffaloes beim Footballspiel im schienbeinhohen Matsch zusahen, kam plötzlich etwas von irgendwo über meinem Kopf angeflogen und landete mit einem dumpfen Schlag auf meinem Schoß.

„Ach du liebe Zeit“, sagte Rose und lachte ungläubig. „Was hast du denn da auf dem Schoß?“

„Rose“, sagte ich und runzelte die Stirn vor angestrengter Neugierde. „Sieht aus wie ein Riesenstück Pizza. Extra dicke Kruste.“

Rose schaute verständnislos drein und schließlich dachte ich laut nach: „Weißt du, für mich ist es das erste Mal. Letztes Jahr habe ich mir einen ganz schönen blauen Fleck auf der Stirn geholt, weil irgendjemand plötzlich mit harten Karamellen um sich warf. Aber mit Pizza bin ich noch nie beworfen worden.“

Ich warf die Pizza zwischen die Bänke auf den Boden und zupfte mir Peperoni aus dem Haar. *Was ertragen wir Mütter nicht alles für unsere Kinder*, dachte ich, als ich da pudelnass und mit einem etwas aufdringlichen Parfüm aus Mozzarella und Tomatensoße im Regen saß.

Durch Wind und Regen und die Schwärze der Nacht stapfen wir unermüdlich vorwärts zu den harten, kalten, unüberdachten Tribünenplätzen – einen Styroporbecher mit schlechtem lauwarmem Kaffee in der einen, alte Steppdecken in der anderen Hand – und trotzen den Elementen (und jetzt einer fliegenden Pizza) aus zwei universellen Gründen. Wir wollen da sein zum Jubeln, sollte unser Kind einen

Punkt machen oder ein Tor schießen; und wir wollen bereit sein, sollte es unsere Versichertenkarte und eine Fahrt zur Notaufnahme benötigen.

Manchmal halte ich diesen ganzen Rummel um „Eltern & Kinder & Sport oder andere Aktivitäten" für irrsinnig. Gefahr lauert auf dem Spielfeld für unsere Kinder und auf den Rängen für uns Eltern. Doch solange unsere Kinder mitten in der Arena des Lebens leben wollen, anstatt von den Seitenrängen aus zuzuschauen, steckt in ihrer Wahl nicht nur die Chance auf Ruhm, sondern auch immer ein Risiko. Und wir Eltern erleben, sozusagen stellvertretend, ihre Qualen und ihre Begeisterungsstürme mit. Ich werde niemals Zekes Sportkarriere an der High School vergessen. Wobei ich mich allerdings besonders lebhaft an die Qualen erinnere ...

***

Es war ein Freitagsspiel an einem wunderschönen Oktoberabend. Die frische Luft, die Band, die etwas Mitreißendes und Flottes spielte, die roten Trikots der Buffaloes, die sich leuchtend von den blauen der anderen Mannschaft abhoben, wirkten so hübsch gegen das grüne Spielfeld. (Wir Frauen achten auf so etwas.)

Alles war strahlend und schön – bis Zeke auf dem Spielfeld stürzte. Und nicht wieder aufstand.

Als sich die Sanitäter in Bewegung setzten, nahm Scott zwei Stufen auf einmal zum Spielfeld hinunter, sprang mit einem Satz über den hohen Zaun und eilte zu unserem Sohn. Ich rannte hinterher. Das Herz schlug mir bis zum Halse. Dann stand ich vor dem Zaun. *Was tun? Was tun?*

Ich stoppte eine Sekunde und dachte: *Wenn ich jetzt über den Zaun klettere und Zeke ist okay, wird mein Sohn für den Rest seines irdischen Lebens blamiert sein. Wenn nicht, muss ich gegen jeden meiner mütterlichen Instinkte ankämpfen, der mir sagt: Geh zu deinem Kind!*

Muss ich noch was sagen? Ich bin eine Mutter. Ich kletterte.

Als ich zum Spielfeldrand kam, schaute Scott auf und bedeutete mir mit einer Handbewegung, schleunigst zum Platz der Mütter zurückzukehren – auf der anderen Seite des Zauns. Zeke habe sich den Ellenbogen ausgerenkt, sagte er, und ich solle geschwind das Auto holen und mit gezückten Versicherungsunterlagen im Krankenhaus zu ihnen stoßen.

Ich machte auf gummiweichen Beinen kehrt; dann kam ich wieder zu dem Zaun. Kein Zweifel – seit ich ihn vorhin hinter mir gelassen hatte, war er *gewachsen*. Ich konnte es versuchen, wie ich wollte, ich kam einfach nicht rüber. Also stellten sich die Cheerleader pyramidenförmig um mich, bugsierten mich hoch und über den Zaun. Ich kam so hart auf, dass ich mich am Knie verletzte und nicht mehr aufstehen konnte. Ein netter Mensch und guter Freund, der zufällig zugegen war, musste mich vom Spielfeld schaffen und ins Krankenhaus fahren. (Er wies mich außerdem diskret darauf hin, dass sich keine fünf Meter von der Stelle, wo ich so würdelos gestürzt war, ein Tor befand.)

Das Gefühl in meinem Knie kam erst eine Weile später wieder, und obwohl es schrecklich verstaucht war, spürte ich erst am Tag darauf wieder etwas – an dem Abend tat mir nichts weh außer mein Herz. Schließlich humpelte ich in die Notaufnahme zu meinem Sohn.

„Mama?“, fragte er, als er mit schlimmen Schmerzen dalag, den Arm ausgestreckt in einer Schiene. „Warum hinkst du?“

Ich hüpfte auf einem Bein, bis ich da war, wo ich sein wollte – dort, wo ich die Arme um mein Kind legen konnte.

„Halb so wild“, erwiderte ich. „Nur eine kleine Sportverletzung. Nichts Schlimmes.“

Zeke schaute etwas verwirrt drein, aber ich habe nichts weiter erklärt. Ich stützte mich nur auf das weiße Kissen, strich ihm über die Wange und gab ihm einen Kuss.

„Ich bin okay, Mama“, sagte er tapfer. „Bestimmt war Gott da.“

Das vergesse ich manchmal. Ein unglaublich tröstlicher Gedanke. Ich kann nicht immer bei meinen Kindern sein, kann sie nicht immer beschützen, obwohl ich es weiß Gott möchte. Doch Gottes Gegenwart kennt keine Grenzen. Er kann meinen Kindern Vater, Mutter, Freund und Bruder sein – zumindest bis ich hereinhumpeln und ihnen einen Kuss auf die Wange drücken kann.

***

Im Jahr darauf hatte unsere Familie ein erstaunliches, grässliches Déjà-vu-Erlebnis. Wunderschöner Freitagabend im Oktober, unser rotes Team gegen ein blaues, Zeke fällt aufs Spielfeld. Sanitäter eilen herbei, Scott macht einen Satz über den Zaun, doch diesmal warte und bete ich – hinter dem Zaun.

„Es ist der andere Ellenbogen. Ausgerenkt!", ruft Scott, und wieder geht's ab zur Notfallambulanz.

Einige bange Stunden – schließlich weiß ich, was Zeke seine Football-Karriere bedeutet. Aber vielleicht ist damit jetzt Schluss?

Der Arzt stattete Zeke schließlich mit zwei roboterartigen Vorrichtungen zum Schutz seiner Ellenbogen aus, und er bestreitet die letzten beiden Spiele der Saison mit der ihm eigenen Unverwüstlichkeit, Courage und Freude.

Ich wusste nicht, ob ich heulen oder jubeln sollte, und während dieser Spiele hielt ich mir die meiste Zeit die Hände vors Gesicht – und traute mich nur dann und wann, zwischen den Fingern hindurchzulugen.

Da wir nun einmal Mütter sind, trotten wir unermüdlich auf kalte, harte Tribünenbänke zu, mit lauwarmem Kaffee in der Hand, um unsere Kinder anzufeuern, für ihre Bewahrung zu beten und einen tiefen Seufzer der Erleichterung abzugeben, wenn die Saison vorüber ist.

Im Mai von Zekes letztem Jahr (das er, Gott sei Dank, ohne weitere Verletzungen hinter sich brachte) gingen Scott und ich zur Abschlussfeier der Footballmannschaft. Der Trainer verkündete, dass sie jedes Jahr nur einen Preis verleihen, und zwar, um den Spieler auszuzeichnen, der im zurückliegenden Jahr die größten Schwierigkeiten erfolgreich überwunden hat. „Und dieses Jahr", sagte er sichtlich gerührt, „geht dieser Preis an Zeke Freeman."

Was soll ich groß sagen? Ich bin eine Mutter. Ich habe geweint.

P.S.: Im Mai 1999 ging Zeke zur Tür hinaus, sein Bergsteigerseil über der Schulter, winkte noch einmal fröhlich zum Abschied und machte sich auf zu seinem College. Und ein Stück meines Herzens ging mit ihm.

Allerdings kehrt es an einem oder zwei Wochenenden im Monat zurück – zusammen mit einer oder zwei Riesentaschen Schmutzwäsche.

Mein Sohn, höre auf meine Worte ...
Auf diesem Weg wird kein Hindernis dich aufhalten;
selbst beim Laufen wirst du nicht stolpern.
Richte dich nach dem,
was du gelernt hast,
verwirf niemals die Lehre deiner Eltern!
Nur so ist dein Leben gesichert.

Sprüche 4,10-13

Die Mutter-Kind-Beziehung ist paradox
und auf gewisse Weise tragisch.
Sie erfordert die denkbar intensivste Liebe
auf Seiten der Mutter,
aber eben diese Liebe muss dem Kind helfen,
immer weiter von ihr fortzuwachsen
und ganz und gar unabhängig zu werden.

Erich Fromm

20
Vater der Braut

Das Telefon weckte mich aus tiefem Schlaf. Mit bleischweren Augen schaute ich auf die Uhr. 7.00 Uhr früh.

„Hallo?“ Ich war aufgeweckt, aber nicht bei vollem Bewusstsein.

„Becky, hier ist Melissa. Hast du schon gehört?“

„Was gehört?“

„Unsere Kinder sind jetzt offiziell miteinander befreundet.“

„Rachel und Joshua?“

„Ja!“

„Aber sie waren doch all die Jahre nur gute Freunde, Spielkameraden, Nachbarskinder.“

„Na, dann wach mal auf und schnuppere die Liebe ... Und weißt du, was das bedeutet?“

„Was denn?“

„Dass wir eines Tages Schwiegermütter sein könnten.“

Ich setzte mich im Bett auf und blinzelte, um diese Vision – unsere beiden Kinder im Gegenlicht vor einem bunten Kirchenfenster – deutlicher vor meinem inneren Augen zu erkennen. Ich konnte mir Rachel kaum mit einem weißen Schleier auf ihren goldenen Locken vorstellen, und Josh, gut gebräunt und attraktiv, der in einem schwarzen Smoking seine Braut erwartet. „Na ja, das könnten wir doch werden. Schwiegermütter, meine ich.“

„Darauf einen Kaffee?!“

„Na klar! Ich schmeiß schon mal die Kaffeemaschine an. Wir treffen uns in zwanzig Minuten bei mir in der Küche.“

Melissa und ich nippten an unserem dampfenden Kaffee, knabberten unsere Bagels und besprachen die Zukunft unserer Kinder, Enkel und Urenkel. Die Nachricht, dass unsere Kinder derzeit enger miteinander befreundet waren, verwandelte uns von einfach „besten

Freundinnen“ und guten Nachbarinnen in zwei Jentes. Das kam uns alles so jiddisch vor, wie die künftigen Mütter von Braut und Bräutigam am Tisch zu sitzen. Ich wünschte mir plötzlich einen Spitzenschal und eine Schürze und einen heftigen ausländischen Akzent, denn ich war wirklich in der Stimmung, ein wenig Schicksal zu spielen.

„Weißt du, was wirklich toll ist?“, schoss mir ein tröstlicher Gedanke durch den Kopf.

„Nein, was denn?“, fragte Melissa.

„Wir beiden kennen uns schon so lange und haben gemeinsam schon so viele Familientragödien mitgemacht, dass die Kinder alle unsere Unzulänglichkeiten schon kennen. Es wird keine Überraschungen geben, wenn die Flitterwochen vorüber sind.“

„Das stimmt.“ Melissas Miene hellte sich bei dem Gedanken auf. Dann hob sie eine Augenbraue und imitierte Freud gekonnt mit einem heftigen Akzent: „Ond dä Fonktionsstörungen, dä wär kennen, sänd viel besser als dä Fonktionsstörungen, dä wär nächt kennen.“

Als wir Hochzeit und Flitterwochen geplant, die Enkelkinder mit Namen versehen und festgelegt hatten, wo Rach und Josh ihren Urlaub verbringen sollten, fiel uns ein, dass Rachel schließlich erst 15 war. Und Josh befand sich zwar im reifen Alter von 16 Jahren, sah aber nicht annähernd so aus, als ob er eine Hypothek auf die viktorianische Villa aufnehmen könnte, die wir im Geiste schon gebaut und eingerichtet hatten (natürlich in gleicher Entfernung von beiden Schwiegermüttern).

Wie das Leben so spielt, war die Romanze zwischen Josh und Rachel süß, aber von kurzer Dauer. Nach einem Sommer, in dem sie gemeinsam Waffelhörnchen verkauft hatten und auf dem See Wasserski gefahren waren, erinnerte die frostige Herbstluft unsere Kinder daran, dass sie schließlich erst 15 und 16 waren. Sie mochten sich zwar durchaus, doch war keiner von beiden bereit, den Annehmlichkeiten des Flirtens Einhalt zu gebieten, als die Schule erst wieder angefangen hatte. Rachel war 24 Stunden am Stück in Tränen aufgelöst – ein Ritual, dem sich 15-Jährige am Ende einer Liebe hingeben dürfen. Der Bruch vollzog sich so sanft wie möglich, und beide beteuerten, dass sie Freunde bleiben wollten. Und während ich im Hintergrund alte Schlagermelodien sang – „Und immer, immer wieder geht die Sonne auf ...“ und „Ich sprüh’s an jede Wand: Neue Männer braucht das Land ...“

– trocknete Rachel sich die Tränen ab, wusch sich das Gesicht und legte neuen Lidschatten und Lippenstift auf. Sie schlüpfte in ihre blassblaue Lieblingsjeans und ihren hellrosa Pulli, die sie ausfüllte, wie nur Mädchen in der Blüte ihrer Jugend es schaffen. Dann segelte sie anmutig von dannen, um sich einen neuen Fisch im Meer der Neulinge zu angeln.

Für Melissa und mich war es das Ende einer Ära des Pläneschmiedens. Widerstrebend ließen wir im Geiste unsere Enkelinnen mit dem goldenen Haar und die Enkelsöhne mit den dunklen Augen einschlafen. Wir stehen zwar ständig zu aktiver Unterstützung bereit, sollte sich die Gelegenheit zur Verbandelung der Nachbarschaft ergeben, doch erkennen wir verhinderte Schwiegermütter fürs Erste, dass wir unsere Kinder ihre eigenen Entscheidungen über ihre Romanzen und Abenteuer und schließlich übers Heiraten treffen lassen müssen.

Scott auf der anderen Seite will von dem ganzen Unsinn überhaupt nichts wissen. Ich denke, im Geheimen glaubt er, Rachel wird auf ewig zu Hause bleiben und ihren Papi um den kleinen Finger wickeln. Und so sehr er den Tag hinauszuzögern sucht und im Geheimen am liebsten jedem, der ihn eventuell um die Hand seiner Tochter bitten könnte, ein unwirsches „Niemals!“ entgegenschleudern möchte, weiß er doch, dass ein Tag kommen wird, an dem er seine Tochter in die Obhut eines anderen Mannes entlassen wird.

Um sich für das Unvermeidliche zu rüsten, hat Scott Rachel zum zwölften Geburtstag eine Hälfte eines herzförmigen Anhängers geschenkt. „Wenn dich eines Tages der richtige Mann bittet, ihn zu heiraten“, sagte er, „schenk ihm deine Hälfte als Symbol dafür, dass er der eine ist, mit dem du dein Leben teilen willst. Wenn er mich dann um deine Hand bittet, werde ich nach dem Anhänger fragen. Und dann werde ich ihm meine Hälfte geben – und dazu meinen Segen für euch beide von ganzem Herzen. Aber bis dahin werde ich diese Hälfte sicher verwahren.“

Letzte Woche besuchten Scott und ich ein Konzert von Steve und Annie Chapman. Seit Rachel alt genug war, eine Kassette in den Rekorder einzuschieben, betrachten sie und ihr Papi Steves *You're the Only Little Girl in My Heart* (dt. etwa: ‚Du bist das einzige kleine Mädchen in meinem Herzen‘) als „ihr Lied“. Zu unserer Freude sang Steve dieses Lied während des Konzerts. Das Lied handelt von einem

Vater, der mit seiner kleinen Tochter ein kleines Spielchen macht. Während sie sich wie eine anmutige Ballerina dreht, fragt er sie: „Wer ist der einzige Mann in deinem Herzen?“, worauf sie antwortet: „Papi, weißt du’s denn nicht? Du bist der einzige Mann in meinem Herzen.“

Dann eines Tages, als der Vater sieht, dass ein Schulkamerad seine Tochter nach Hause begleitet, spürt er einen seltsamen Stich von Eifersucht in seinem Herzen. Als der Junge schließlich fortgeht, fragt der Vater, ob seine Tochter einen kleinen Spaziergang mit ihm machen möchte. Und sie spielen wieder ihr Spiel. „Wer ist der einzige Mann in deinem Herzen?“ Und sie sagt: „Papi, weißt du’s denn nicht? Papi, weißt du’s denn nicht? Du bist der einzige Mann in meinem Herzen.“

Dann kommt das Unvermeidliche: Der Hochzeitstag. Und nun weiß der Vater, dass nicht mehr er der einzige Mann im Herzen seines kleinen Mädchens ist. Aber um der guten alten Zeit willen spielen sie das kleine Spiel noch einmal.

An dieser Stelle des Liedes schaute ich Scott an und sah, wie ihm eine Träne die Wange hinunterkullerte. Mit genau demselben Blick hatte er den Film *Vater der Braut* angeschaut. Wenn Sie den Film gesehen haben und Vater sind, kennen Sie die Stelle. Es ist die ergreifende Szene, wo Vater und Tochter noch ein letztes mitternächtliches Basketballspiel spielen, bevor ein anderer Mann die junge Dame den Gang entlang in ihr neues Leben führt. Das ist eine bittersüße Realität für Väter.

Warum freuen sich Mütter auf den Hochzeitstag ihrer Tochter und malen sich die Details aus, während der erste Impuls eines Vaters ist, sich ein Gewehr zu schnappen und in die Richtung zu zielen, aus der ein junger Mann kommen könnte, um seiner Tochter den Hof zu machen?

Vielleicht weil wir Frauen wissen, dass wir unsere Tochter nicht wirklich teilen müssen. Sie wird kommen und uns um unseren mütterlichen Rat bitten, vielleicht sogar umso mehr, je mehr sie in die Rolle der jungen Ehefrau und schließlich der Mutter schlüpft. Aber für Papis ... sieht es so aus, als wäre nichts mehr dasselbe. Seine Tochter hat einen neuen Helden, einen neuen Beschützer in ihrem Leben. Wohin geht ein Vater nach dem Hochzeitstag?

Hoffentlich nirgendwohin. Die wunderbare Überraschung ist: Eine

Frau mag so erwachsen sein, wie sie will, verheiratet sein, selber Kinder haben – aber selbst dann gibt es nichts, was die Liebe eines Vaters ersetzen kann. Manche Dinge ändern sich nie.

Es gibt keine Frau, die sich nicht danach sehnt, ganz sicher zu wissen, dass sie im Herzen ihres Vaters immer ein wunderbares, kostbares kleines Mädchen war, ist und bleiben wird. Egal, ob dieser Vater nun einen Basketball oder einen herzförmigen Anhänger – oder ein Sternenmeer mit tausend Galaxien in Seiner Hand hält.

***

Es gibt wohl viele gute und tüchtige Frauen,
aber du übertriffst sie alle.

Sprüche 31,29

Mit Sicherheit ist
keine Form der Zuneigung so engelsgleich
wie die eines Vaters zu seiner Tochter.
Er sieht sie sowohl im Hinblick
als auch unabhängig
von ihrem Geschlecht.
In der Liebe zu unseren Frauen ist Verlangen;
in der zu unseren Söhnen ist Ehrgeiz;
doch in der Liebe zu unseren Töchtern ist etwas,
das keine Worte ausdrücken können.

Joseph Addison

Drei einfache Regeln für jemanden, der mit meiner Tochter ausgehen will

Erste Regel: Wenn Sie in meiner Einfahrt stehen und hupen, haben Sie hoffentlich etwas auszuliefern – denn mitnehmen werden Sie in Ihrem Wagen ganz gewiss nichts von hier.

Zweite Regel: Um uns gegenseitig kennen zu lernen, sollten wir *eigentlich* über Sport, Politik und andere Tagesthemen reden. Bitte tun Sie es nicht. Die einzige Information, die ich von Ihnen erbitte ist, wann Sie gedenken, meine Tochter wieder sicher zu mir zurückzubringen, und das einzige Wort, das ich von Ihnen zu diesem Thema brauche, ist „früh“.

Dritte Regel: Zweifellos sind Sie ein beliebter Kerl mit reichlich Chancen bei anderen Mädchen. Das ist für mich in Ordnung, solange es auch für meine Tochter in Ordnung ist. Aber eins sollte klar sein: Wenn Sie mit meiner Tochter ausgehen, werden Sie solange nur mit ihr ausgehen, bis sie es möglicherweise nicht mehr will. Wenn Sie sie zum Heulen bringen, dann – garantiert – bringe ich Sie zum Heulen.

ich es gespürt. Ja! Sie hat mir einen Kuss gegeben! Ganz, ganz sachte, aber es war, ja, es war ein Kuss.

Und so begann sie, unsere Reise der Liebe. Es gab viele kleine Ziele zu erreichen, und – Gott sei Dank – wir haben sie erreicht. Danke, Jesus, für mein Engelchen."

***

Rachel, meine eigene Tochter, ist von Familie Garcia in die Arme geschlossen worden. Ezequiel ist seit fast einem Jahr so mehr oder weniger Rachels Freund. Ob sie einmal zusammenbleiben oder nicht – jedenfalls verbindet sie doch eine starke, gute Freundschaft. Und ein besseres Umfeld für eine Beziehung könnten wir uns gar nicht wünschen, denn die Garcias treten meist im Rudel auf. Mama, Papa, Schwester, „Großmutter Ma-ma", Cousinen und Cousins – sie kommen nicht selten im „Gruppenpack" mit Ezequiel vorbei und holen Rachel zu einem Kinobesuch oder einer Familien-Fiesta ab. Die Familie, alle tief gläubig, gründete eine zweisprachige Gemeinde. Heute sind die Kirchenbänke zum Bersten voll, hauptsächlich mit ihren eigenen Verwandten – plus ein paar Gringos, wie meine hellhäutige Tochter.

Rachel bewundert die gesamte Enchilada: Die kleine Gemeinde, die in einem großen Saal zusammenkommt; die einfache, geballte Freude, wenn sechs Menschen auf einem Sofa sitzen und sich alte Filme anschauen; oder wenn sich 20 Leute in einer gemütlichen Küche zusammenknäulen und versuchen, an die Tamales oder den köchelnden Topf Menudo zu kommen. (Menudo allerdings rührt Rachel nicht an. Alles, was sie weiß ist, dass da irgendetwas in dem wohlriechenden Eintopf schwimmt, das schleimig und zutiefst Misstrauen erregend aussieht.)

Doch vor allem liebt sie die *Liebe*. „Mama", erläuterte Rachel mir eines Tages, „es ist ja so süß, wie die ganze Familie mit Candy umgeht. Wir fahren so durch die Gegend, da sagt Isabel zu ihr: ‚Du weißt ja, dass du mein ganz besonderer Schatz bist, nicht? Ich habe dich unglaublich lieb!' Und Diego und Ezequiel – wie sie mit Candy umgehen, beeindruckt mich einfach. Es ist, als wäre ein kleiner Engel zu ihnen gekommen und hätte ihr Haus mit einer Extraportion Liebe gefüllt."

Und genau so ist es auch.

Engel kommen in vielerlei Gestalt. Manche kommen in einem grellweißen Blitz mit himmlischen Flügeln.

Und manche kommen ohne Oberlippe als Zwei-Kilo-Paket.

Manche humpeln auf missgestalteten Beinen in die Welt.

Und manche kommen mit mandelförmigen Augen, platten Näschen und rundlichen ausgestreckten Armen, jederzeit empfänglich für eine Umarmung.

Aber alle kommen sie mit der einen Botschaft: Du wurdest erschaffen, um geliebt zu werden und zu lieben. Nicht weil du hübsch oder klug oder schnell oder stark bist. Sondern einfach weil du zur Familie Gottes gehörst.

Du hast mich geschaffen – meinen Körper und meine Seele, im Leib meiner Mutter hast du mich gebildet. Herr, ich danke dir dafür, dass du mich so wunderbar und einzigartig gemacht hast! Großartig ist alles, was du geschaffen hast – das erkenne ich! Deine Gedanken sind zu schwer für mich, o Gott, es sind so unfassbar viele!

Psalm 139, 13; 14; 17

Jay, mein Sohn mit Down-Syndrom, hat sich als ein außergewöhnlich guter Kandidat für das Leben erwiesen, und er hat mich so viel über die Liebe gelehrt. Wenn ich heute nach dem Warum frage, frage ich unter einem ganz anderen Aspekt. Ich frage: „Warum, Gott? Warum hast du mich so gesegnet mit diesem wunderschönen, feinfühligen Kind? Wie konntest du mir dieses zarte Geschöpf anvertrauen?“

Cheri Fuller

Noch eine Geschichte zum Schluss: Alltags-Sakrament

„Lasst die Kinder zu mir kommen ... denn ihnen gehört das Reich Gottes."

Der gelbe Schulbus fuhr vor unserem Haus am See vor und spuckte zwei Dutzend Kinder in den Hof. Unsere Veranda hinterm Haus – mit ihrer malerischen Aussicht – war in dem Jahr als Kulisse für die Klassenfotos ausgewählt worden. Ich ging hinaus, um die Kinder zu begrüßen, und war dankbar, dass die Fotos draußen gemacht werden sollten, denn die „malerische Aussicht" drinnen hatte mehr was von einem geplünderten gehetzten Amerikaner.

Und da fiel mir James auf – ein kleiner, grinsender, geistig behinderter Schüler an der Hand seiner Lehrerin. James gehörte nicht zu dieser Klasse, aber seine Lehrerin hatte gemeint, er würde gerne diesen Ausflug aufs Land mitmachen.

Während die übrigen Kinder hinters Haus schlurften, lud ich James und seine Lehrerin zu einem Imbiss ins Haus ein. Ich bot das Einzige an, das ich zur Hand hatte – ein erbärmliches Stück selbst gebackenes Brot. Es war nicht aufgegangen und hatte die Konsistenz von Knete, die an der Sonne getrocknet war. Die Lehrerin lehnte in weiser Voraussicht ab, doch James nahm sich ein Stück, biss hinein, reckte das Gesicht zur Sonne und erklärte: „Wun-dobar, wun-dobar!" Ich war neugierig geworden und nahm auch einen Bissen. Tatsächlich schmeckte es wie Knete, die an der Sonne getrocknet war.

Aber für James war mein Backunvermögen Manna vom Himmel.

„Möchtest du ein bisschen Traubensaft?", fragte ich. James nickte, streckte die Hand aus und nahm das violett schimmernde Glas. Dann neigte er ehrerbietig den Kopf und sagte: „Lasst uns beten." Ich tat, wie mir geheißen. „Lieber Herr, lieber Herr, lieber Herr", stimmte James seinen innigen Segensspruch an. „Wir danken dir für dein kostbares Blut. Du bist so gut zu uns. In Jesu Namen, Amen."

Als das Gebet vorbei war, schaute ich James' Lehrerin an, lächelte und fragte: „Ist er immer so?"

„Oh ja", nickte sie. „James ist mein Sonnenschein. Ich soll angeblich seine Lehrerin sein, aber in Wirklichkeit bin ich die Gesegnete."

Gemeinsam staunten wir über dieses Kind, das in missratenem Brot ein Sakrament sah und in gewöhnlichem Saft das Zeichen der Gegenwart Jesu entdeckte.

Einfach weil du du bist

Dies Kind, wenn es geboren wird, so sagt man mir,
wird es zur Last für alle und auch dir.
Es wird nie ganz normal, nie so wie andre sein.
Sucht also schon mal einen Platz im Heim.

Doch eine Mutter schaut's mit anderen Augen an,
und singt dies Wiegenlied ...

Ich lieb dich nicht für das, was man an dir an Können misst,
ich lieb dich, weil du die bist, die du bist.
Und wenn die ganze Welt auch deinen Wert in Frage stellt:
Mir bist du kostbar, mehr als alles Gut der Welt.

Wenn wir einst unsere Seele sehen in ihrer Schuld
erstaunt uns Gottes unermessliche Geduld.
Denn wenn wir unsren Mangel ihm zu bringen wagen,
nicht unsre Gaben, hören wir ihn sagen:

Ich als dein Vater schaue dich mit andren Augen an
und sing dies Wiegenlied ...

Ich lieb dich nicht für das, wofür die Welt dir Achtung zollt.
Ich liebe dich, weil ich dich als mein Kind gewollt.
Und wenn du selbst an dir verzagst –

Mir bist du kostbar – gleich, was du vermagst.

(Ein Gedicht von meiner Freundin Faye Yates für ihre wunderbare Tochter, die mit Down-Syndrom geboren wurde.)

Quellenverzeichnis

S. 40 Judith Geissler: Aus: dies., ‚Diary of a New Mother' (dt. etwa: „Tagebuch einer jungen Mutter"), REDBOOK, September 1972.

S. 53 Robert Byron, „Parents Say the Darndest Things" (dt. etwa: ‚Eltern sagen die unglaublichsten Sachen')

S. 74 Henry David Thoreau, aus: ders., *Leben aus den Wurzeln.* Freiburg: Herder, 1997. (Übers.: Susanne Schaup.) S. 27.

S. 108 Walt Whitman, aus dem *Gesang von der offenen Straße* von Walt Whitman, in: *Walt Whitman, Lyrik und Prosa.* Berlin: Volk und Welt, 1966. (Übers.: Erich Arendt) S. 180.

S. 117 Mark Twain, in, ders., *Autobiographische Schriften.* Berlin und Weimar: Aufbau-Verlag, 1984. (Übers.: Ana Maria Brock) S. 69 (‚Jugenderlebnisse')

S. 118 Robert Fulghum, aus, ders., *Mit einem Lächeln leben lernen: ungewöhnliche Betrachtungen über gewöhnliche Dinge.* München: Goldmann, 1991. Übers.: Margarete Längsfeld. S. 88.S. 140 Cheri Fuller, aus dies., Louise Tucker Jones: *Extraordinary Kids: Nurturing and championing your child with special needs* (dt. etwa: ‚Außergewöhnliche Kinder: Wie Sie Ihr Kind mit Entwicklungsstörungen erziehen und fördern'), Focus/Tyndale, 1997.

Fußnoten

1 S.a. in dem Buch von Hillary Rodham Clinton, *Eine Welt für Kinder* (München: Knaur, 1996. Übers.: Klaus Pemsel), S. 9: „Zum ersten Mal verstand ich die Worte der Schriftstellerin Elizabeth Stone: ‚Die Entscheidung, ein Kind zu bekommen, ist etwas Wunderbares. Sie bedeutet, auf immer zu entscheiden, dass Ihr Herz außerhalb Ihres Körpers umherwandelt.'"

2 In dem Kinderbuch von Roald Dahl, *Charlie und die Schokoladenfabrik* (Gütersloh: Bertelsmann, 1964. Übers.: Inge M. Artl und Georg Lenzen), ist Willy Wonka der Inhaber dieser faszinierenden Fabrik.

3 PDA Periduralanästhesie

4 In: Robert Fulghum, *Mit einem Lächeln leben lernen: Ungewöhnliche Betrachtungen über gewöhnliche Dinge* (München: Goldmann, 1989. Übers.: Margarete Längsfeld). So etwa steht diese Begebenheit auf S. 65-66.

5 Die Überschrift für dieses Kapitel bezieht sich auf ein afrikanisches Sprichwort: „Es braucht ein Dorf, um ein Kind großzuziehen." (Anm. der Übs.)